目的別チラシデザイン
イメージ・ターゲット・業種からデザインを絞り込む

視覚デザイン研究所

チラシの企画と進行

企画を立てる

チラシメディアの特徴　6
3つの条件を満たすチラシは最強のメディア

マーケティングの重要性　8
マーケティングとはノアの鳩

コンセプトを表現するキーワード　10
コンセプトを正しく伝えるデザインを

コンセプトを視覚化するデザイン　12
ラフスケッチからデザイン表現が始まる

配布計画・範囲の設定　配布業者の設定14
チラシは地元密着でスポット的効果大

配布計画・曜日の設定　16
チラシの1週間

チラシの仕様を決める　18
サイズで商品のテイストを表す

制作の進行管理

スケジュールを立てる　20
配布日を決める

制作のチェックリスト　22
企画段階・制作段階のチェック項目

制作コストとデザイン料金　24
費用を安くする工夫

キーワードで見るチラシデザインのコンセプト

実用的な　52
文字情報の目立つ表現が実用的イメージを伝える

信頼できる　54
スーツ姿の人物写真が信頼感を伝える

安心な　56
笑顔が安心感を表す

カジュアル　58
カジュアルテイストは明るくオープンな表現

にぎやかな　60
多くの商品を散りばめるとにぎやかに

自由な　62
情報量を多くすると元気な自由さが表れる

元気な　64
力強い色と力強いキャッチコピーで伝える

迫力ある　66
高コントラストが迫力を生む

上品な　68
緻密な文字組みが上品さを表す

華やかな　70
写真を主体にして文字は控えめ

豪華な　72
強い色と大きな写真で豪華な表現

落ち着いた　74
配色と形のどちらかで落ち着かせる

格調高い　76
ゆるぎない形と色が格調を表す

こだわりの　78
モノトーンの配色がこだわりの世界を表現

ゆとりある　80
程よい情報量でゆとりが表現できる

自然な　82
ゆとりに強さが加わると自然のイメージに

おしゃれな　84
写真は大小差をつけずにリズミカルに展開する

爽やかな　86
青と白で爽やかさを表す

和風の　88
自然をレイアウトの中に再現すると和風に

チラシの構成要素とデザイン

基本の構成は3ブロック　28
3ブロック構成するのが基本型

来店型チラシの構成　30
来店型チラシは、実物を見たいと思わせるイメージを

通販型チラシの構成　32
通販型チラシの8つのポイント

キャッチコピー　34
3要素で組み立てる　季節感を表す言葉

商品写真　商品を生き生き見せる　38
よい商品写真が消費者の意欲をそそる

商品写真　おいしそうな写真の撮り方　40
食品写真を生き生き撮る工夫

地図　42
地図は訪問したい気分を後押しする

よいデザインの条件　44
消費者は求めているイメージにぴったりの店に行く

レイアウト用紙　46
デザインの土台がレイアウト用紙

ターゲット別に見るチラシデザインのセオリー

高級志向 vs. リーズナブル　92
こだわりと格調、豪華さを同時に表現
情報は多く、余白は少なめに

お買い得表現比較
デパート vs. スーパーマーケット　94

デパート　情報満載でも白地をつくる
スーパーマーケット　大量の情報を余白なく詰め込む

お買い得表現のスケール　96
5エレメンツによるお買い得表現

男性向け vs. 女性向け　98
力強さと理性の両面を持つ
弱さと現実派の両面を持つ

高齢者向け vs. 若者向け　100
穏やかな配色と形が高齢者に似合う
激しい配色、力強いタイトルが若者を表す

ファミリー向け vs. スタイリッシュ　103
暖色系の配色と家庭の写真が必ず必要
生活感のないクールな表現

デイリー vs. ドラマチック　104
温か、明るいイメージが基本
特別な夜のイメージが基本

知性派 vs. 行動派　106
水平性を意識したクール表現
動きは色と傾きで表す

業種別に見るチラシデザインの表現

食品　110
3色配色がおいしさ表現の基本

宅配食材　116
穏やかな配色とゆとりのあるレイアウト

ファッション　118
すべてのキーワードとターゲットにあてはまる

眼鏡店　122
ファッション性＋医療品のテイスト

化粧品　124
3つの方向で違うレイアウト

量販店比較　126
家電　リカーショップ　スーパーマーケット
ドラッグストア

インテリア　128
格調と親しみやすさを両立

生活雑貨　130
暗色で伝統、切り抜き版で楽しさを表す

自動車　132
買いやすさのイメージを優先させる
車のイメージを際立たせる

マンション・住宅　136
緑を強調すると情緒と高級感が表れる

不動産仲介業　144
大量情報で役立ち感を表す

保険　146
堅実で親しみやすい表現が安心を表す

通信　147
爽やかで堅実な表現が信頼を呼ぶ

学習塾・予備校　148
低学年向け学習塾は優しさをメインに表す

フィットネスクラブ　150
健康を爽やかに表す

エステティック　152
美しくなる夢と実効性証明を両立させる

パチンコ　154
パワフルな幻想感がパチンコ店らしい

エンターテインメント　156
視覚性を最大にし、文字は少なく

チラシの企画と進行

チラシメディアの特徴

企画を立てる

条件1 地域を限定して広告できる

地域限定で広告できる
配る地区を○町1丁目と2丁目だけと細かく指定したり、中央線の沿線10駅と広く指定したりと、自店の商圏に合わせて自由に地域限定できる。

商圏の把握が大切
折り込みチラシは商圏にぴったりの範囲に情報を届けられ、効率的な営業活動ができる。事前に商圏を正確に調査しておくことが大切。

条件2 じっくり検討でき

詳しい商品情報を伝えられる
折り込みチラシは商品情報の詳しいデータや商品の特徴、形、色を十分に比較して、納得できるようにていねいに表現できる。

3つの条件を満たすチラシは最強のメディア

ショップにとって折り込みチラシは欠かすことのできない特別な広告ツールだ。折り込みチラシとは新聞に入ってくる広告のこと。配布する地域が限定でき、詳細な情報を盛り込め、イベント日に合わせて配布できる。これほどぴったりそろった広告媒体は折り込みチラシ以外では考えられない。

	地域	データ	配布ルート	配布特徴
チラシ	◎	◯	―=自前配布	ピンポイント
カタログ	―	◎	―=自前配布	基礎データ
新聞	―	△	○=他者配布	大量
TVCM	△	―	○=他社合体、相乗り	大量

繰り返しで宣伝効果を出す
広告は1回見ただけでは効果が低く3回から10回、目にしたときに効果が発揮される。この数を有効リーチという。「同じデザインのチラシ」を「毎週同じ曜日」に入れれば、「あのスーパーは毎週○曜日に安売りがある」と覚えてもらえる。

信頼性不足をていねいな証明で補う
消費者調査によると、チラシは役立つ反面、新聞広告に比べて信頼感が低い。チラシは自由につくって配れるイメージがあるため信頼感に？がついてしまうのだ。その不信感は、ていねいな責任所在証明（P.28～29）と、新聞広告と同じタイミングで配布するメディアミックス法で払拭できる。

る情報量を提供できる

詳細な情報が盛り込める
チラシの役立ち感を支えるのは情報量だ。消費者の購入を後押しするには、具体的な詳細情報が欠かせない。

条件3 催事当日に合わせて案内ができる

イベント当日に合わせて広告できる
最適のタイミングで情報を配布できる。高額商品ならば前日に配って家族で相談できる余裕をつくり、気軽なイベントなら当日の朝に届ける。

緊急セールでライバル店に対抗
近々、超大型ライバル店がオープン。こんなときは緊急セール！黄色の更紙に墨一色の手書きチラシをつくり、店頭に激安商品を並べて準備完了。

他のメディアと組み合わせれば効果倍増

テレビ、ラジオ、新聞と組み合わせる―メディアミックス
「詳しくは本日の新聞で」とTVコマーシャルをするとチラシを見るように促すことができる。複数の媒体でアピールすることで、顧客の目にとまりやすくなる。都内全域に配布するような大規模なキャンペーンに有効な方法だ。

用語解説

有効リーチ
広告の効果が表れる、つまり消費者の反応が有効に現れるために宣伝と接触する回数のこと。メッセージが確実に受け止められるには、つまり、宣伝効果が有効になるには、3～10回の接触が必要と言われている。

メディアミックス
新聞、雑誌、テレビ、ラジオなど各種の広告媒体を組み合わせて、広告効果を最大に発揮させようとすること。

商圏
自店に来店する顧客の地理的範囲。所要時間や距離、地名、駅名などで表す。ふさわしい商圏の広さや規模は扱う商品や立地条件で決まる。例えば、自店に必要な商圏は20万人としたデパートの場合、そこから具体的な商圏設定が行われ、チラシの配布範囲が決められる。

マーケティングの重要性

マーケティングとはノアの鳩

商品を計画的につくり、販売するためにはマーケティングが欠かせない。マーケティングとは、製品を計画し、価格を決め、販売するまでの流れを把握するための方法だ。企業が目標を計画通りに達成するための基本になる。

旧約聖書の、方舟で大洪水をまぬがれたノアは、放した鳩がオリーブの枝をくわえて戻ってきたことから大陸があることを知り、無事、方舟の生物たちを大地に届けることができた。マーケティングはこの鳩の役割に似ている。

完璧なマーケティング法はない

マーケティングは、企業活動に欠かせない。刻々と変化する社会環境に対応して企業活動を続けるために、様々な方法が開発されてきた。しかし、絶対的な方法はなく、状況に合わせて選択することが重要になる。

使用価値よりもイメージ価値重視

私たちがものを買うときの判断基準は、役に立つ、丈夫、安価などの合理的、物理的な基準だけではない。さして役に立たないもの、他の商品より高価なものでも、かなりの割合で購入している。この不可解な意思決定行動を解くために様々な研究が行われている。

時代のテイストを読む集団効果

人の好みや価値基準は、国や地域、時代の動向とシンクロして変化する。ある年は白い車が流行したが、時がたつとまったく見向きもされなくなる。流行を無視しては企業活動は成立しない。また、国民性や県民性を無視しても、売れるはずの商品も売れなくなる。
注意深く、時代のメッセージを受け止めないと、情報を発信する価値がなくなる。

用語解説

マーケティング

マーケティングとは、生産品が消費者に届くまでのすべての流れをコントロールする企業活動のこと。企業や個人が確実に利益を生むための計画。100年前のアメリカで供給過剰になったマーケット（市場）に販売拡大を図る必要性が生まれ、誕生した。日本では1955年に日本生産性本部の米国研修団が紹介した。
具体的に何を重視するかは様々な考え方があり、代表的には製品政策、価格政策、広告販売政策（販売促進）、チャネル政策（流通）の4要素をミックスしてとらえる考え方がある。

カスタマー・インティマシー

カスタマーとは「顧客」、インティマシーとは「親密、親交」のこと。
消費者（顧客）と企業の緊密な関係を表す。顧客の要求に応えて親密性を強め、信頼関係を築くことで、自社の商品やサービスを使ってもらうことが狙い。そのために必要なマーケティングを展開する。

マーケティングでコンセプトを絞る

チラシ広告をつくる前には、まずどんなメッセージを、誰にアピールすべきかを決める。そのためにマーケティングが必要だ。まず、ユーザーの動向やニーズを調べ、それをもとにコンセプトを絞り込んでいく。

例えば車の広告をつくる場合、これから売ろうとする車はどのような層が、どんなイメージで欲しいと思っているかを、マーケティングしておく必要がある。

ターゲットを設定する

広告のターゲット層をはっきりさせる。女性か男性か、10代か40代か、所得水準はどのあたりかなどで、表現はまったく違ってくる。女性向け広告に男性的な表現を使ってみても共感は得られない。

広告表現の3つのポイント

誰を対象にするのか ＋ 何を伝えるのか ＋ どう表現するのか

ショップイメージが売れ行きを決める

右の表は日経広告手帳誌が行った調査だ。宣伝部長が最も重視するポイントは、直接的な売り上げではなく、企業イメージを高めることにあることがはっきり表れている。

商品の売り上げを向上させるためには、直接的な方法だけでは効果は低く、企業イメージを高めることが不可欠になっている。

チラシの表現は、売り上げをあげることが第一目標だが、同時にショップのイメージを高めることが基本的な事項だ。

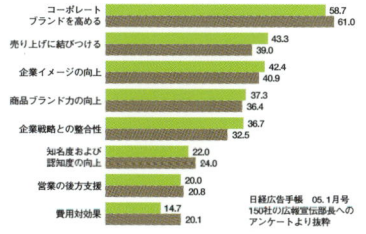

日経広告手帳 05.1月号
150社の広報宣伝部長へのアンケートより抜粋

ロイヤルティ
特定の店舗やブランド、商品などに対する愛顧の度合いのこと。

ロイヤル・ユーザー
特定のブランドに満足して、長期的にそのブランドのものを選ぶ傾向が強い消費者(顧客)のこと。

AIDMA（アイドマ）の法則
商品を実際に買うまでの心理的な5つの過程。広告制作では各々の段階に合わせてつくれば効果的、という考え方で、R. Hallによって提唱された。

1. Attention　注意　何だろう
2. Interest　関心　そうなんだ
3. Desire　欲求　ほしい
4. Memory　記憶　覚えておこう
5. Action　行動　買いに行く

コンセプトを表現するキーワード

コンセプトを表現する方向を決める

すべてのデザイン制作はコンセプトを絞り込むところから始まる。
コンセプトとは概念、着想、考えのことだが、広告宣伝の分野では「最終的に何を伝えたいか」を集約した言葉を表す。

マーケティングの結果を受けて新しい製品をつくるときには、商品コンセプトをつくり、これを広告宣伝する段階で表現コンセプトに絞り込む。

コンセプトを正しく伝えるのが

同じ価格の、同じ場所にある同じ建物でも、コンセプトを変えるとまったく違う表現に変わる。
堅実さを大切にする人々にタイプCで表現すると怪しげな広告だと思われ、見向

タイプA
- ターゲット：堅実さを大切にする30代男性
- 表現コンセプト：資産価値が高く、値下がりする心配が少ない
- デザイン：航空写真と堂々とした建物の写真で客観性と信頼感を高める

タイプB
- ターゲット：30代女性が家族と住みたい
- 表現コンセプト：環境がよく、住みやすく優しい
- デザイン：家族の写真や青空の下の緑の風景で優しい癒しのイメージを表現

マーケティングからデザインを決定する

例えば車で考えると、まずマーケティングを行い購入者のニーズを絞り込み、1.若い女性層に、2.安全で、3.安価な車をつくることを決める。この3つのキーワードがコンセプトであり、デザイン表現の基準になる。

マーケティング	ターゲット	商品コンセプト
若い女性層が安全で安価な車を望んでいる	20代、30代の女性 日常的に運転する	若い女性が好む安全で安価な車を生産する

デザインの使命

きもされない。一方、若く別世界に浸りたいと思っている人に、タイプAの表現をするとつまらない物件に感じられてしまう。

コンセプトはデザインを始める前にまず決めなければならない第一歩だ。コンセプトなしでは混乱がおき、目的通りのチラシがつくれない。

ターゲットの属性を把握する

コンセプトに残す要素には、次のような社会的属性も重要だ。特に、性別や年齢は欠かせない。

性別―男性、女性限定、中性
年齢―小学生、20代、中年、熟年
学歴、職業、収入、趣味、嗜好
居住地―○○市内、隣の市まで

コンセプトを表すキーワードを絞る

コンセプトを絞り込む要素には、フェアのテーマやメイン商品の選定、店自体の特徴などがある。しかし、キーワードを多く出しすぎると複雑になりすぎてコンセプトがぼやけてしまう。キーワードは、きちんと優先順位をつけ、3～6項目以内に絞り込む。

タイプC

ターゲット	＋	表現コンセプト	＋	デザイン
感性が高く、生活より趣味を重視する都会生活者		ドラマチックで、インドア、インテリな都会生活		青一色に包まれた世界 宵闇に浮かび上がる非日常的で非現実的な、新しい風景を提供

表現コンセプトで重要なのはテイスト

どんなテイストの商品なのかを表すことが大切。高級品なのか、激安商品なのかなど、テイストをはっきりさせる。実用的に使いたい自動車を少しでも安く買いたいと思っている人に高級感あふれるテイスト表現のチラシでは、自分に関係ないと判断され、すぐに捨てられてしまう。

表現コンセプト	→	デザインスタート
この車は 若い女性に向いた 安全で カジュアルな 車です		女性ドライバーの写真 安全性の特徴 イラストとテクニカルコピーで解説 安価なイメージ カジュアルなレイアウトで表現

コンセプトを視覚化するデザイン

ラフスケッチから
デザイン表現が始まる

コンセプトが絞り込まれたら、次はラフスケッチでコンセプトを視覚的に置き換えて確かめてみる。例えば、マンションのチラシをつくる場合、人物の服装やポーズ、人数は多すぎないか、環境写真とマンションのバランスはこれでよいかをこの段階で検討する。
ラフスケッチの表現はまだ仮のものだが、できるだけリアルな、現実に近いイメージの表現にする。

コンセプト
・メインの訴求層は何か
・どんなイメージをアピールしたいか

キーワード
＋
ターゲット

→ 視覚化 →

ラフスケッチ
・デザインの方向、テイスト
・商品の見せかた案、背景とどう組み合わせて、商品イメージを盛り上げるか
・主なキャッチコピー案

イベントのテーマ、メイン商品、目玉商品を決める

メイン商品とその見せ方を決める。単なる＜大売り出し＞ではお客の心はつかめない。季節感のあふれるテーマ、地域特有のテーマや激安目玉商品などを決める。この段階で、チラシの企画の成否が決定する。同業他社にない特徴を際立たせる。

キャッチフレーズを決める

イベントのテーマがはっきり伝わるよう、キャッチフレーズを決める。
キャッチフレーズは、メインの他にサブキャッチフレーズや第3のキャッチフレーズをつくる。この多層表現でチラシを見た人の共感がより確かなものになる。

同業他社のチラシから学ぶ

折り込みチラシを企画するときには、まず、同業他社のチラシを10点以上集める。そこには様々な知恵や失敗のノウハウが詰まっている。成功と失敗を分析し、これから進める企画の指針にしよう。

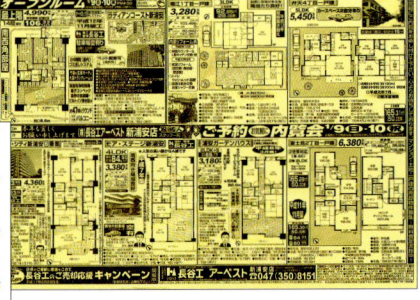

同業他社のチラシを分析し、チェックリストをつくる

チラシを分析し、何を生かし何の失敗をしないかを箇条書きにしてチェックリストにする。サイズやキャッチフレーズの表現、メイン商品の絞り方、イベントのテーマなど、どれも重要なサンプルだ。

素材の制作

- 文字―キャッチフレーズ、本文、価格
- 写真―データ、商品、背景
- 図版、地図、数表

素材制作は分業で始まる
ラフスケッチが固まるとコピーを書き、写真撮影、イラスト図説起こしなどの作業を分業で行う。これらの作業をとりまとめ、統一された表現になるように管理するのがアートディレクターだ。なかでも大切な仕事は撮影のコーディネイトだ。モデルの選定や背景などでまったく違うイメージができ上がってしまう。

カンプ

- ラフスケッチをさらに精密に、かつ具体的に表したもの。実際に使う写真が原寸大で貼り込まれ、キャッチコピーも仕上がりと同じ書体で表されている。

カンプで素材のできばえを確かめる
各セクションに分かれて制作していた素材が完成したらカンプにして、全体を組み合わせてみる。ラフスケッチと違い、実物の写真が用いられるので、キャッチフレーズや本文の位置も仕上がりと同じ書体、同じ配色になる。

レイアウト

- 印刷、DTP、作業用の指示書

カンプに従って実制作の指示
これから先はひたすら完成を目指す。検討の段階はもう終わっている。早く、無駄なく、トラブルを起こさずに美しい印刷を完成させるためには、印刷業者への的確な指定とスムーズな進行が重要だ。

配布計画・範囲の設定

**チラシは地元密着で
スポット的効果大**

町区分ごとに細分化された新聞販売店を通して配れるので知らせたい地域をはっきり絞り込める。チラシを受け取った人は、地域限定なので、自分たちだけへのホットな情報として受け止め、お買い得感もわく。

希望区域をさらに細かく指定することもできる。「緑区の1区と2区に配りたい」など、販売店の持ち部数の中から希望の地域を選ぶこともできる。

※大田区配布地域地図　参照（株式会社オリコミサービス「大田区配布地域地図」より抜粋）

**徒歩なのか電車で行くのかで
配布範囲は違う**

キャンペーンを成功させるには、何人の来客が必要か、何枚のチラシを配布したらよいかなどを計算する。数駅先までを商圏にしている店は沿線にそって配る地区を決め、徒歩圏を商圏にしている場合はさらに細かく指定する。

そのためには、どこまで広げたら効果があるかを日頃からチェックし、データを集めるマーケティング力が必要になる。

**決めた範囲には
網羅的な配布計画が有効**

折り込みは地域全体に行き渡るように計画を立てる。新聞を1紙に絞ると地域全体には届かない。「上荻と吉祥寺の朝日新聞」ではなく「上荻の朝日新聞と毎日新聞」などのようにする。

**新聞販売店の配布部数を
把握する**

新聞販売店の配布部数とは、決められた区域内で自社の銘柄の新聞を購読している世帯数のこと。平均は1店2000〜3000部程度（変動制）。まずは、配布地域と部数を教えてもらい、配布計画を立て始める。

**配布部数よりターゲットに
合った新聞を選ぶ**

新聞の読者層は新聞によってはっきりと違う。自店のテイストに合わせて選ばないと目指す効果を得られない。

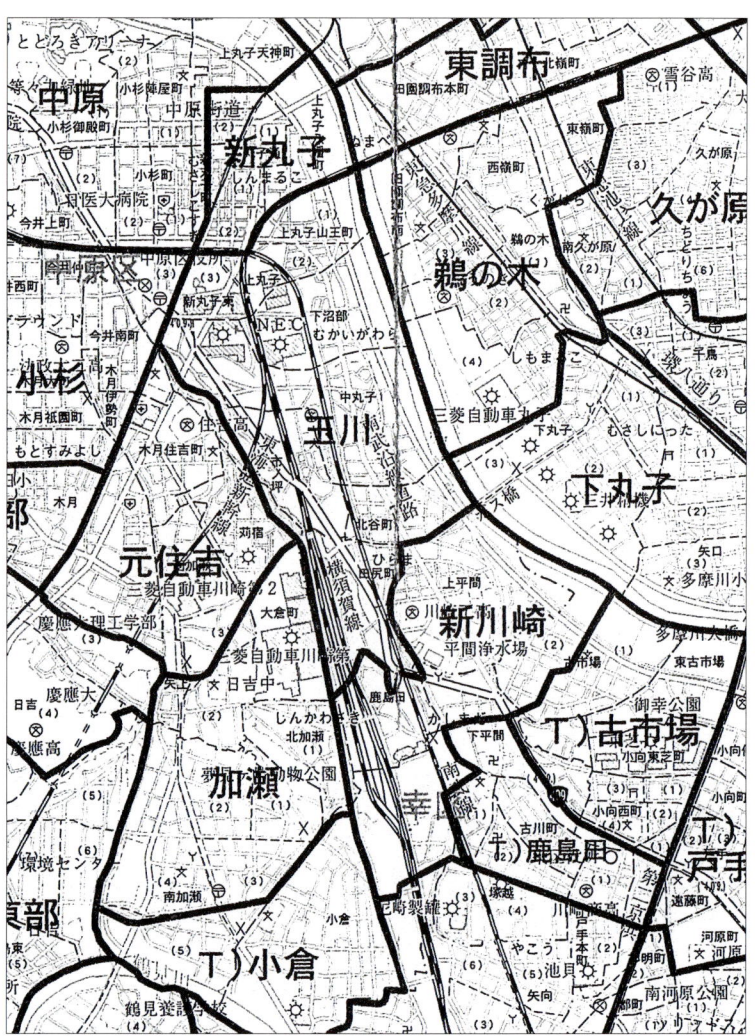

地域、銘柄別チラシの違い

杉並区	朝日	住宅地。建売住宅や予備校のチラシが多い。宅配のチラシも多い。
多摩市	朝日	車での生活が主流なため、比較的遠方のスーパーのチラシなども入ってくる。当然、車のチラシも多め。
さいたま市	朝日	住宅地。建売住宅やリフォームが多い。日曜朝市の広告も多め。
浦安市	朝日	住宅地。マンション、家電、車などのチラシが多い。
浦安市	日経	日経は、読む人の層が働いている人々であったり、また1家庭で重複してとっている場合が多いので、基本的に折り込みの数が少ない。
神保町	朝日	オフィス街のため、折り込みの枚数は極端に少ない。入ってくるとしたら、オフィスに勤めるサラリーマン向けの広告（スーツ、パソコン教室、ゴルフ、税務関係、育毛など）か、あるいは不特定の人々に向けたもの（宅配ピザなど）。
神保町	毎日	朝日よりも折り込み数が若干少ない。オフィス街のため入ってくるチラシは、サラリーマン向けのものか不特定の人々に向けたものになる。

配布業者の設定

3万部以上は折り込み業者へ頼む

枚数の多いとき、広範囲に配るときは、折り込み業者に頼んだ方が効率的。各銘柄の新聞に折り込むことができ、データベースに基づいて綿密な配布戦略が立てられる。しかし料金は販売店より高くなる。全国配送ができるが、遠距離の場合は日数や別途運賃がかかる。
依頼できる枚数は折り込み業者によるが、目安としては、3万枚（新聞販売店10店分程度）から依頼できる。

販促計画　代行します

目的どおりに効果的にチラシを配る方法（販促計画）をデータベースなどを使い、分析、提案してくれるサービスがある。

※（例）年収700万以上　賃貸アパート住まいの2～3人家族の家へ配りたい！費用は2万円。
※ ただし、『スーパーのチラシを配る』など、申し込みの際の配布エリア決定の相談は無料。

持ち込み（納品）スケジュール（土日、祭日を除く）
2～3週間前	折り込み業者へ申し込み、配布部数、配布エリア、配布日、新聞銘柄などの計画立て
1週間～4日前	配布計画の明細が決定
2日前の午前中	配送センターへ印刷会社から納品する

※ただし、遠距離、年末年始はスケジュール変更あり

折り込みの注意点

数がふえても安くはならない
折り込み料金は1枚いくらで計算される。枚数を多く依頼しても折り込み料金の単価は安くならない。

折り込み順は指定できない
チラシの折り込み順までは指定できない。よって、中の方に折り込まれても目立つようなデザインを心がける。

夕刊にはチラシを入れられない
折り込みは基本的に朝刊だけ。夕刊に入れられる店は少ないので、事前のチェックが必要。

折り込み料金

新聞販売店の料金が1部いくらなので、多数でも少数でもほとんど単価は同一。基本的に、都心が安く、地方になるにつれて高くなる。

1枚当り（単位：円）

地域	規格	普通紙					111kg（四六版）以上重量紙					ハガキ貼付		変形		
		B5	B4	B3	B2	B1	ハガキ	B5	B4	B3	B2	B3	B2	B4折	B3横長	その他
東京都	都区内	2.70	3.30	4.50	7.70	13.00	3.00	3.00	3.80	5.50	9.24	6.00	9.20	普通紙サイズと同じ		パンフレット・ページもの・変形は広げた面積の料金
	都下	2.80	3.40	4.60	7.90	13.30	3.10	3.10	3.90	5.70	9.54	6.20	9.50	普通紙サイズと同じ		同上
茨城県	全域	3.90	4.30	5.70	11.00	19.50	5.20	5.20	5.70	7.10	—	—	—	—	—	連合広告は各サイズの割増料金となります。B5・B4の折ったもの、変形のものは割増料金となります。

（消費税は含まず　株式会社オリコミサービス「新聞折込広告料金表」より抜粋）
※変形のもの、通常と違った折り方のものは割増料金、あるいは一部で折り込み不可
※ハガキ付きのチラシを折り込む場合は特別料金

少部数なら販売店へ持ち込む

販売店は地域に密着しているため、地域の情報に強く融通がきく。1店平均3000枚。また、『300枚だけ上荻3丁目に配りたい…』ということもできる。用意した印刷物が指定した地域の部数より多かった場合は、返却してもらえる。販売店によっては、指定地域の近辺に配ってくれたりもする。
自分で希望する新聞販売店に持ち込む。販売店によっては、他社の販売店に運んでくれるサービスもあるが、別料金がかかる。
（新聞販売店〈上荻〉折込料金表　参照）

左：チラシを1世帯分の束に組んでくれる折り込み機械。1度に20種以上のチラシを折り込める

右：1世帯分に組み直されたチラシの束。これで約300部。後は、手作業で新聞へ挟み込む

スケジュール

持ち込みは、配達日2日前の昼～夕方くらいまで（一般的に、配達前日の午前中に折り込み作業を開始するため）。日曜日に折り込みたい場合は、土曜日から数えた2日前が持ち込み日となる。また、休日や年末年始は2日以上前になるので前もって確認をとる。平日持ち込みも、できるだけ前もって持ち込み日の確認を取るようにしたい。

折り込み料金（直接持ち込みの場合）

都道府県によって60％程度の差があり、都内は安価。平日、休日ともに均一料金。支払いはその場で現金の場合が多い。

新聞販売店（埼玉県）折込料金表（単位は単価：円）

種別	B5	B4	B3	B2	B1
普通紙	3.00	3.30	4.50	7.70	12.00
厚紙	3.30	3.60	4.90		
横長			5.40		

（共に消費税は含まず）

新聞販売店〈上荻〉折込料金表（単位は枚数ごと：円）

サイズ	B5		A4, B4		A3, B3	
折込枚数	上荻ヨミウリ	同業者へ	上荻ヨミウリ	同業者へ	上荻ヨミウリ	同業者へ
500枚	1417	1063	1732	1299	2362	1771
3000	8505	6378	10395	7796	14175	10631
5000	14175	10631	17325	12993	23625	17718

配布計画・曜日の設定

チラシの1週間

月曜日
チラシがあまり入らない
休日明けのこの日に入るチラシは、月・火曜日限定セールを催している近所のスーパーのものが2〜4枚。全体の枚数は少ない。大手企業がチラシを折り込まないので競争相手が少なく、宣伝するにはチャンスの曜日ともいえる。

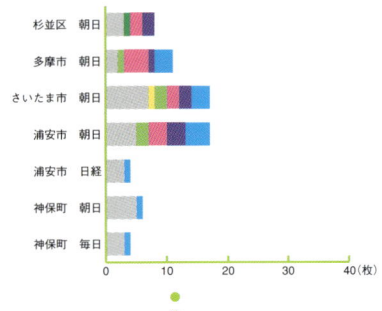

火曜日
主婦向けチラシのピーク
主婦にとって、一番のお目当ては火曜日のチラシだ。たいていのスーパーが火曜日からのセール（火・水・木3日間限定セール）を企画している。この日のスーパーのチラシは、カラーのB3サイズなど力が入っている。

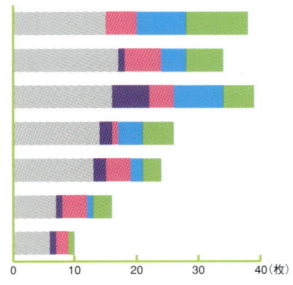

水曜日からの特集に向けて1日早く知らせるデパートのチラシも見逃せない。デパートはスーパーよりも少し高額なので、お金を銀行からおろしたり、考える余裕を持ってもらうためだ。子供の受験に向けての予備校や保険のチラシなど、主婦の検討材料となるものも多い。
通販・宅配のチラシが多いのもこの曜日。布団、海苔や梅干し、漢方など、店頭では見つけにくいものが購入できて楽しい。ダイエットドリンクや通販化粧品、美容のためのサプリメントなどは、あきらかに女性に向けてのもの。この日のチラシは主婦に向けてのアプローチ合戦だ。

水曜日
チラシ2回戦目
セール中のスーパーのチラシと学習塾のチラシが多い。月曜日に折り込みをした店が再度折り込みを入れ始めるのもこの曜日。また火曜日の激安合戦も少し落ち着き、家具や低額の建売住宅（手づくりチラシが多い）が2枚程度入ってくる。大手の企業のチラシは少ない。

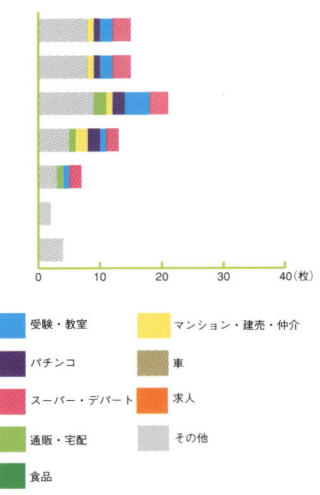

- 受験・教室
- マンション・建売・仲介
- パチンコ
- 車
- スーパー・デパート
- 求人
- 通販・宅配
- その他
- 食品

曜日によって変形！
スーパーのチラシ戦略

スーパーのチラシが大量に入ってくるのは火曜日。しかし、よく見ると、同じスーパーのチラシが1週間に2〜3枚入っていたりする。
月曜日は限定セールなどでその日の集客を図る。紙が薄く、サイズは小さめ、1色刷りなど、制作に費用のかからないものが多い。
次に火〜木曜日あたりに2度目のチラシを入れる。紙はやや厚めで、サイズはB3またはB2、色はフルカラーと高級感のある豪華なものだ。このようなチラシは、主婦にとって必要な情報を得るだけでなく、雑誌を見るような感覚で楽しみながら見られる。こういったチラシを楽しみにしている主婦は多い。
同じ消費者向けでも、曜日による生活の違いに合わせ、紙の厚みやサイズ、色数で変化をつけるだけで、まったく違ったアプローチができる。

同じスーパーのチラシ。月曜特売のチラシ（左）と木曜日の高級感があるチラシ（右）

木曜日

日用品のチラシも増えてくる

再び激安もののチラシが多くなる。主に週後半のセールに向けてのものだ。スーパーはもちろん、ドラッグストアや酒の量販店などのチラシも多い。また家具、マンション、リフォームなど、週末に家族で買いに来てくれることを見越したチラシが増えてくる。

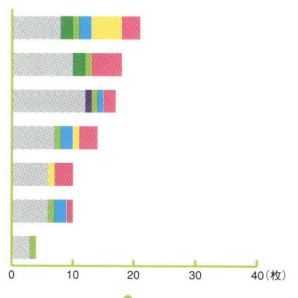

金曜日

週末の計画づくりに読んでほしい

この日はマンションや建売住宅のチラシが7〜20枚と大量に入る。これは、土日のモデルルームの見学会に向けてのもの。また、家電や家具、土日の試乗会に向けての車のチラシなど、週末に来てもらう計画が立てられるよう、この日のうちに折り込むようだ。

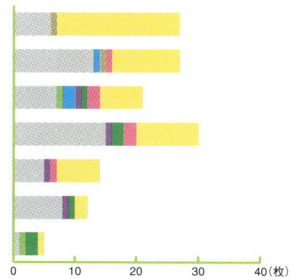

冬になると、スノーボードなどの、高額レジャー用品のチラシも週末の買い物に向けて入ってくる。
また、金曜や土曜の夜などに飲み会やパーティーをするための、宅配すし、弁当、ピザやケーキのチラシも多い。

土曜日

お父さんに向けてのチラシ

この日は働いている人々、特にお父さんが休日になる。よって、マンション・建売の厚手B2フルカラーの高級感漂うチラシが15枚も入ってくる。これらをゆっくりと眺めてもらい、オープンルームの見学会に来てもらおうという戦略だ。

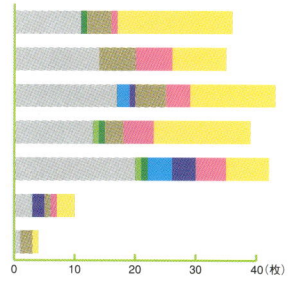

車、リフォーム、家電、家具、墓など、高額で家族との相談が必要なもの、遠方のイベント、購入物が重いなど、車の運転が必要になるものが多い。さらに、お父さんに向けてのスーツの安売りチラシ、パチンコのチラシも2〜3枚程入る。
スーパーは土日セールや日曜朝市に向けてのチラシ合戦となる。

日曜日

求人広告はやっぱり日曜日

まずは求人広告が決まって8枚程度入る。その他は、マンション・建売の見学会のチラシ、日曜朝市のスーパーのチラシ、パチンコのチラシが多い。着物の着付けや乗馬など大人向けの教室や小学生向けの英会話など、日曜のお昼に、じっくりと考えてほしいものが1〜2枚入る。少数だが、地域の銀行や医者のチラシも入る。このようなチラシは家族全員に見てもらえる日曜日が狙い目だ。

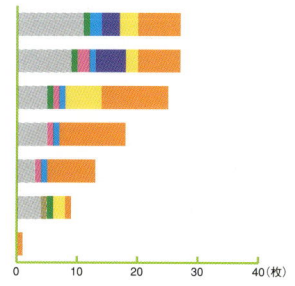

チラシの仕様を決める

サイズで商品のテイストを表す

業種によってチラシのサイズが決まる。超高額商品のマンションは、超大型にして豪華さを暗示する。高級化粧品は小型にすることで高級さを表す。サイズは制作する側の一方的な思い込みでつくっては、その商品らしさが表れず、信用されない。

基本はB4サイズ

チラシの基本の大きさはB4。B4以上になると折った状態で配布される。またA4は小さくてもB4と折り込み料金が同じで、さらにB4主体のチラシの束に紛れてしまいがちだ。紙のサイズも、顧客に見てもらえるように意識してつくりたい。

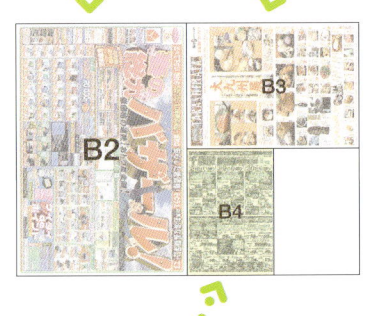

B2サイズ
B3サイズ
B4サイズ

紙は薄すぎず、厚すぎず

チラシは、折りや仕分け作業の際に1枚ずつ機械を通す。そのため、薄すぎず厚すぎず、特別な切り込み、折り込みがないものがよい。70kg〜90kgのコート紙や上質紙が標準。

制作枚数を決める

何枚刷るかは商圏の人口によって決める。10万人の都市全域ならば所帯数は3分の1の3万所帯。新聞販売店と打ち合わせをすればより具体的になる。3万枚以上ならば折り込み広告の専門業者を通した方が有利。業者のデータとつき合わせて部数を決める。3万枚以下なら、自分で各新聞販売店に持ち込む必要があるので、やや多めに刷る必要がある。

折り込みできないチラシ──表現上の規則

日本新聞協会制定の折り込み広告基準が設けられている。チラシの内容によっては配付できなくなってしまうので注意。

新聞折り込み広告基準

昭和37年9月14日基準・細則制定
平成7年5月19日基準・細則統合、改正
平成14年5月17日改正

　日本新聞協会に加盟する新聞社とその新聞を取り扱う販売店は、折り込み広告が新聞と同時に配布される社会的影響を考慮し次のような折り込み広告の取り扱いに注意する。
　ただし本基準は、あくまでガイドラインを示すにとどまるものであって、会員新聞社と販売店の折り込み広告における判断を拘束したり、法的規制力をもつものではない。

1. 責任の所在および内容が不明確な広告
(1) 広告についての責任は表現を含め広告主にある。したがって責任の所在を明らかにするため、広告主名、所在地、連絡先が記載されていない広告は受け付けるべきではない。
(2) 広告をみても広告の意味、目的が分からないものは受け付けるべきではない。

2. 虚偽または誤認されるおそれがある広告
(1) 虚偽の広告はもちろん、「日本一」「世界一」等の最高・最大級の表現、「確実に儲かる」「ぜったいにやせる」等の断定的表現を何の裏付けもなく使用した広告は、受け付けるべきではない。
(2) 市価より高い価格を市価とするなどの不当な「二重価格表示広告」、商品が準備されていないのに掲載するなどの「おとり広告」は、受け付けるべきではない。

3. 公序良俗を乱す表現の広告
　露骨な性表現あるいは暴力や犯罪を肯定、礼賛する広告、麻薬・覚醒剤の使用を賛美したり、その他残虐な表現のある広告は受け付けるべきではない。

4. 不動産広告
　不動産広告の表示は、「宅地建物取引業法」などの関係法規、不動産公正取引協議会の「不動産の表示に関する公正競争規約」による。

5. 求人広告
(1) 「労働基準法」「職業安定法」は、求人にあたって労働条件を明示しなければならないとしており、雇用主の名称・所在地・連絡先、企業の業種と就業する職種等必要な事項が表示されていない広告は、受け付けるべきではない。また、「男女雇用機会均等法」によって、例外を除き、男女による差別を禁じる規定があるので、表記については注意すべきである。高齢者の雇用促進を図ることを目的とした「雇用対策法」の趣旨にかんがみ、年齢による差別には留意したい。
(2) 履歴書用紙付求人広告は、履歴書に本籍地、家族関係、宗教・支持政党等、差別につながる可能性がある項目があるものは受け付けない。
(3) 求人広告に見せかけて講習料をとったり、物品・書籍等を売りつけたりするのが目的である広告、詐欺商法に注意すべきである。

6. 名誉棄損、プライバシーの侵害等のおそれのある広告
　広告表現中において名誉毀損、プライバシーの侵害、信用棄損・業務妨害となるおそれがあるものは、受け付けるべきではない。

7. 選挙運動ビラ等
(1) 選挙運動のための折り込み広告は、「公職選挙法」の要件を備えたもの以外は頒布することができない。
(2) 事前運動とみなされるおそれがある広告については、発行本社と協議のうえ受け付けるかどうかを決定する。

8. 弁護士の広告
　弁護士および外国特別会員の業務広告は日本弁護士連合会の「弁護士の業務広告に関する規程」「外国特別会員の業務広告に関する規程」により定められた範囲内でなければ広告できない。

9. 医療関係、医薬品、健康食品、エステティック等の広告
(1) 医業・歯科医業・病院・診療所・助産所などの広告は、医療法に定められた事項以外は広告できない。あん摩業・マッサージ業、柔道整復業などについても関連法規に定められた事項以外は広告できない。
(2) 医薬品・医薬部外品・化粧品・医療用具・特定疾病用の医薬品・承認前の医薬品等の広告は、「医薬品等適正広告基準」の範囲内でなければ広告できない。
(3) 健康食品の広告は医薬品的な効能・効果を表示できない。
(4) 美顔・そう身等エステ関連広告については、「特定商取引法」で誇大広告の禁止が定められている。このほか、日本エステティック業協会が「エステティック業界における事業活動の適正化に関する自主基準」で広告表示に関する禁止事項を定めている。

10. 金融関係の広告
(1) 消費者金融広告等の貸金業の広告では、「貸金業の規制等に関する法律」で利率や登録番号など必要な表示事項を記載するように定められている。また、貸付条件について誇大広告が禁止されている。
(2) 抵当証券業、投資顧問業、金融先物取引業などの広告については関連法規によって虚偽誇大、誤認期待の表現を禁止しているほか、必要表示(注意表示)事項が定められている。

11. その他
　前記以外の事項でも、公序良俗に反したり、反社会的な表現の広告、誹謗中傷の恐れのある広告あるいは迷信などに頼る非科学的な広告などは、発行本社と協議のうえ受け付けるかどうかを決定する。その他、独占禁止法、景品表示法、関係告示、規約を順守する。

以　上

スケジュールを立てる

配布日を決める

チラシの配布日は、イベント当日の朝刊がよいか、1週間前がよいか、イベントのタイプに合わせて決める。顧客が折り込み広告を見て、買うまでの行動を想定することが重要。

一般的なのは前日型。日曜日に始まる大売り出し用ならば週末に配る。超大型のイベントは1週間前に予告し、前日にも配布する。配布日を仮決めしたら、制作スケジュールを検討し、準備開始の日程を固める。

当日型or前日型？

当日配布型
小額、日常品、スーパーなどの安い商品、生活必需品は当日でもすぐに買える
費用のかからないイベント、自動車や住宅のフェアなど

前日配布型
高価な商品（カメラ・テレビなど）
家族との相談が必要で銀行からお金を出さなければならない
遠出するフェア
お父さんに車でつれていってもらう

当日型

前日型

週中型or週末型？

月曜
一番チラシの少ない曜日。チラシがあまり顧客に見られないので、あまり配布しない。

火曜・水曜・木曜
主婦がよく見る曜日。働いている人は、ほとんど見ない。近所のスーパー、ドラッグストアなどの当日特売もの、次の日からのデパート催し物の告知など。

金曜・土曜・日曜
休日の予定として組んでもらえるようなものがよい。
お父さんが車を出すので遠出ができる。
重いものが持てる。
家族の相談が必要になる。家電購入、通販、試乗会、住宅案内など。

週中型

週末型

配布日から逆算して
スケジュールを決める
チラシ制作の標準的日程は下表のように、およそ2ヵ月半、10週間ほどかかる。初めて企画する場合は、この2倍あってもきつい日程になる。このスケジュール表は印刷会社やデザイナー、コピーライターなどの連携が完全にスムーズにいくことを前提にしている。

テーマごとの担当者で
作業分担
チラシ構成の中では、テーマごとにグループ化できる。
例えば、メイン商品のグループ、日替わりサービス品グループ、第2テーマのグループ、というように区分する。具体的な商品の絞り込みや値付けもグループ分けすることで作業効率がよくなる。

ラフスケッチで曖昧な点は
残らず検討しておく
ラフスケッチは実物に近いレイアウトで表現する。まだ決まっていない商品だが、ダミーをつくり、価格やキャッチフレーズも含めて実物通りにしておけば企画会議での決定もスムーズにいき、その後の原稿づくりも分担できる。方向が固まっていない場合はダミーを2案用意する。

チラシ制作の標準スケジュール

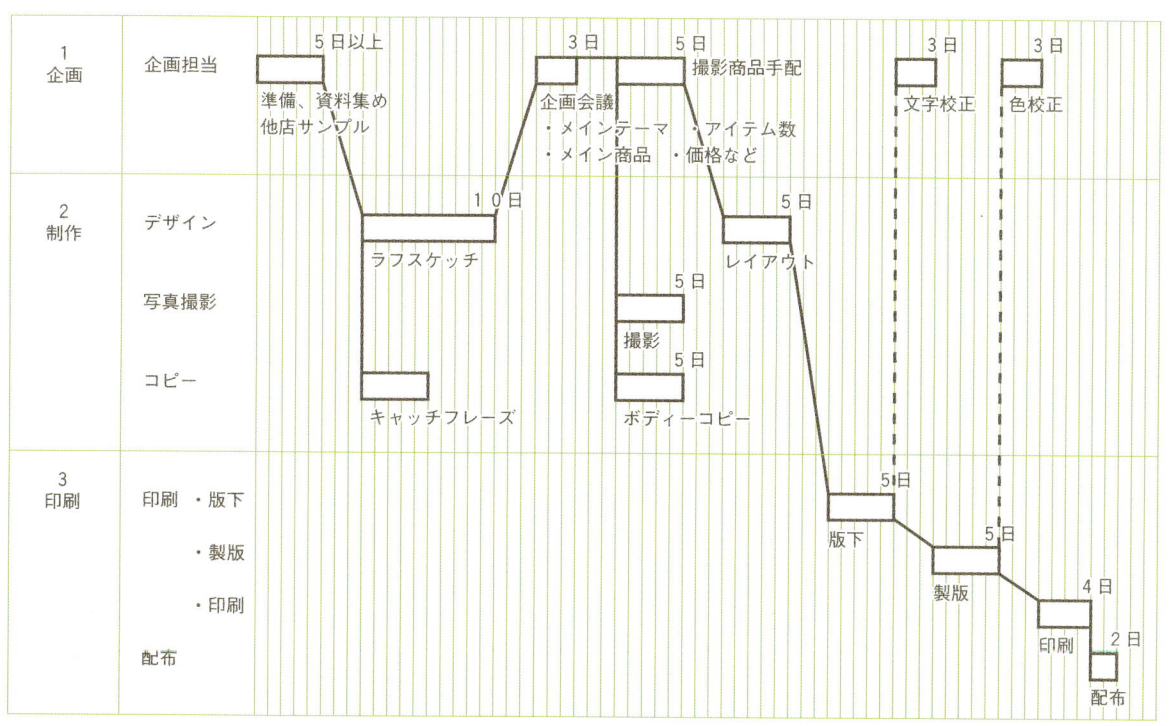

スケジュールは崩さない
この表のどこかで問題が起こると、たちまちスケジュールは崩れてしまう。1ヵ所崩れると、改めてその後のスケジュールが組み直しになる。
例えば、印刷工程を3月10日から13日までの4日間で組んでいた場合、1日ずれると11日になるが、その印刷機に他の仕事が入っていたら、作業に入れない。刷り終わるまで待っていなければならなくなる。

3段階に分けて日程管理する
企画担当者にとって、スケジュール管理はひとときも目が離せない。しかし、工程を3段階に分けると、かなりスムーズに流れる。そして、印刷工程に入ると、特別なことがない限り、ひと安心できる。ここで起きるトラブルは校正時の価格誤りや扱い商品の変更、価格変更だが、事前に準備しておけば大事故にはならない。しかし、メイン商品の変更はきびしい。

納期の大幅な圧縮は混乱のもと
標準日程より大幅に詰めた日程は避けるのが原則。よほどのベテランでない限り、大混乱が避けられず、小さな日程の乱れが大きな事故を誘発する。
急ぎすぎた文字原稿は校正でトラブルが生まれ、修正で2倍の時間をとる。全工程の作業者に迷惑をかけるだけでなく、コストも当初の予算の2倍になる可能性がある。

制作のチェックリスト

企画段階のチェック項目

1 社内外関係者リスト	担当マネージャー役員	予算概算、スケジュール、コンセプトの認定、ラフスケッチ決定
	担当プロジェクトの責任者	上記調整、実施担当者の選定
	担当者チーム	メイン商品の手配、価格、仕様等の情報、校正、メインイベントの手配
2 同業他社のチラシ収集 20点以上 失敗と成功の実例が詰まっている。	店の魅力的な見せ方、工夫 商品の魅力的な見せ方 キャッチフレーズ	カジュアル感、格調高さ、激安の程度… 商品の背景、人物の設定、インパクトの強さ 説得力のある表現
	主な掲載内容	商品以外のマスコット、地図
	仕様	サイズ、色数
	掲載アイテム	法定文章（薬品、景品、通販など） 所属団体、許認可ナンバー、責任範囲、 当店住所、他店住所、返品ルール、 納品、支払い条件
3 コンセプト設定 全体を通して統一するイメージ表現 訴求したいイベントの特徴	表現イメージの指標 訴求したい特徴	激安の程度、格調、上品、華やかさ 新商品、定番、人気商品、限定品
	訴求層	男女、年齢、所得層、趣味性、嗜好、商圏の範囲
	メインイベント、 商品の（仮）キャッチフレーズ	何をアピールするか、 決定はラフスケッチで
4 仕様決定	サイズ、ページ数など	サイズ、ページ数、色数（フルカラー、2色など）、 写真点数（仮）、（部数は印刷4週間前でも変更可）、 スケジュール、予算決定のもとになる
5 スケジュール決定	メインイベント 制作開始日	配布は当日、前日、1週間前？ 制作発注日、制作開始日、ラフ提出日、決定日、商品撮影日、完成原稿チェック日、入稿日（印刷開始）
	印刷開始日	入稿日（印刷開始）、文字校正日、色校正日、 納品日→配送業へ
6 予算（概要）	制作関係 印刷関係 配布関係	関係先へ仮問い合わせ、仮見積り、 前回の実績記録の確認
	制作会社決定	コンペ2〜3社、有料、10日以上必要 随意契約ー実績を参考にして、制作レベル、納期、費用、守秘義務実績など

制作の進行管理

制作段階のチェック項目

7 デザイン制作	制作開始（発注）	AD打ち合わせ―制作表現のコンセプト、スケジュール、予算の確認、スケジュール表提出
	ラフスケッチ提示、決定	仕上がり原寸で提案 写真（仮）やキャッチフレーズも具体的で、仕上がりがイメージできる 決定はマネージャーをはじめ、関係者全員参加が一般的。コンペの場合は、営業などの他部門も参加する
	商品撮影手配	撮影リスト―メイン写真、サブ写真 借用写真イラスト類リスト、借用先
	商品撮影	撮影手配、商品提供 カメラマンチーム、スタイリスト、スタジオなど ※ファッション、食品などではロケハンも必要
	カンプ提案	DTP（デスクトップパブリッシング）制作が一般的 キャッチフレーズ、コピー、写真、図解などが仕上がりに近い形、色で確認ができる カンプ表現チェック ラフスケッチで目標としたイメージ通りに仕上がっているか データチェック（文字校正） 価格、商品名、仕様、住所など全データを担当者に分担して校正 ※印刷段階で行うケースもある
8 印刷	印刷会社決定	見積りは最低2社以上で比較 決定―過去実績＋見積り額の総合で判定 会社に決定連絡 スケジュール決定（スケジュール表提出）
	印刷開始	入稿 デザイン制作会社から全原稿を受け取る 文字校正―基本はDTPカンプで済ませる この段階では最低限の修正が望ましい 色校正―カラー写真の仕上がり状態が分かる 納品配布業者へ
9 配布	配布ルートの決定	30,000枚以上は配布専門業者への一括依頼 30,000枚以下は直接地域の新聞販売店へ持ち込む
	販売先と部数決定	メインイベントで集客したい地域へ配布 商圏設定―A市全域、B線沿線、C市東部地区など

制作コストとデザイン料金

費用を安くする工夫
印刷費用、デザイン費用の幅は広く、同じような印刷物でも2倍以上の開きがある。その主な原因は発注者にある。デザインの変更や、誤り原稿の修正で時間も予算もロスになる。

合見積りで複数の発注先を比較する
コストを下げる最も基本的な方法は、合見積りを実行することだ。発注先候補を2〜3社に絞り、合見積りを依頼する。各社には時間をずらして同じ資料を渡し、1週間後に見積りを提出してもらうようにする。

合見積りに必要な制作仕様など
仕上がり見本
相手から見て品質が推定できる他社、自社チラシで最もイメージの近いもの
サイズ
ページ数
カラーかモノクロか
写真点数(仕上がり見本から判断できる)
部数
納期—依頼日と完成納品日

価格だけでは判定しない
見積りの金額で発注先を決めるのが原則だが、これはあくまで目安。
受注会社は発注者の要求しているレベルや、管理能力を計算した上で見積り書を書いてくる。
かなり高度な仕上がりを要求していると判断すれば高額になり、管理能力に心配があれば、事故発生対策費用も計算に入れてあるかも知れない。全社分を表にし、差額の理由を聞く必要がある。

管理能力が高まればコストが下がる
コストアップの原因には発注者の管理能力がある。制作過程では必ず事故が発生する。すぐにカバーできる小ミスから大事故まで。これらの事故をいかに小さくとどめスムーズにカバーするかが企画担当者の腕だ。仕事の流れがスムーズにいけば、受注した会社は安心してより協力的になり、事故が起きれば、当然見積り通りの料金ではいかなくなる。

見積りに必要な費用項目

項目	単位
企画料	企画1点当たり
デザイン・レイアウト	1ページ当たり
写真撮影	1点当たり@メイン写真
コピーライト	1枚当たり、1ページ当たり
イラストレーション	1点当たり
版下・DTP	1ページ当たり
印刷　製版	
刷版	
印刷	
用紙	
配布	新聞販売所を通して折り込み配布する
営業経費	各職種の合計の10%

印刷料金表

		B4			B3		
		3,000	10,000	100,000	3,000	10,000	100,000
●版下	A3 @30,000×2	60,000	60,000	60,000	A3 @30,000×4 120,000	120,000	120,000
●印刷 製版	4色分解2,000×32 切り抜き3,000×6	82,000	82,000	82,000	4色分解2,000×64 切り抜き3,000×12 164,000	164,000	164,000
〃	A3(4+4)@10,000	80,000	80,000	80,000	A2(4+4)@20,000 160,000	160,000	160,000
校正	A3(4+4)@2,000	16,000	16,000	24,000	A2(4+4)@3,000 24,000	24,000	24,000
刷版	A2(4+4)1c(両面) @4,000	32,000	32,000	32,000	A2(4+4)1c(1面付) @4,000 32,000	32,000	32,000
印刷	A2(4+4)1500枚@512,000	96,000	A2(4+4)5000枚@2.4/c 96,000	A2(4+4)50000枚@1.48/c 592,000	A2(4+4)3000枚@12,000 96,000	A2(4+4)10,000枚@1.8/c 144,000	A2(4+4)100,000枚@1.14/c 1,128,000
●用紙 コート上質70.5kg	1750枚 24,675	3,500枚 49,350	28,000枚 394,800	1,500枚 21,500	35,250	6,250枚 88,125	55,000枚 775,500
断裁	7夏×@400	2,800	14夏 5,600	112夏 44,800	A3二つ折り 10夏 4,000	25夏 10,000	220夏 88,000
●製本	A3ペラ @3.5×3000	10,500	35,000	350,000	@5.0×3000 15,000	50,000	500,000
中計		403,975	455,950	1,659,600	650,250	792,125	2,983,500
●営業経費	中計×0.10	40,397	45,595	165,960	65,025	79,212	298,350
●運賃	1件@30,000	30,000	30,000	30,000	30,000	30,000	30,000
合計		474,372	531,545	1,855,560	745,275	901,337	3,311,850
1枚当り		@158	@53	@19	@248	@90	@33

魅力的なチラシは高レベルなデザインワークによって生まれる

印刷技術が最高レベルでなくても魅力的なチラシはつくれる。しかし、デザインワークが低水準では、どんなに素晴らしい印刷技術を駆使しても、すぐに捨てたくなるチラシになってしまう。

よいチラシをつくるためには、高レベルのデザインワークが不可欠なのだが、デザイン会社の選択は難しく至難のワザだ。

デザイン料金は差が大きい

印刷料金は工場生産がベースなので、基準がはっきりして、安価な工場と高価な工場との差はほぼ２倍以内だ。しかし、デザイン料金の差は非常に大きく10倍を超えるケースもある。また、安いから品質が悪く、高ければ高品質とは限らないので発注者にとって判断が難しい。

見積りで料金の目安をつける

デザイン制作会社は、各社ごとに独特な制作体制があり、基準料金に反映されている。Ａ社にとって受けられない低料金でも、Ｂ社では自然な料金に見えることも多い。発注前には気軽に見積りを取って比較検討したい。

見積りに必要なもの

制作したいチラシの品質水準がわかるサンプルを用意する。サンプルとして集めたチラシの中から、これからつくろうと思うチラシに近い印刷物を探す。

サイズや写真点数を仮決めする。料金はページ数や写真点数が多くなるほど高くなる。実際の制作段階で点数が増えれば、その分、料金も加算される。

デザイン料金の内訳

1. 企画料

2. CD料

CD、ADとは制作全体の方向を決め、デザインワークやカメラワークなどの全行程を管理する作業で、クリエイティブディレクション、またはアートディレクションと呼ぶ。この仕事は野球やサッカーの監督に当たり、その判断がチラシのできばえを左右する。

料金は、チラシ制作全体について１本あたりで算出し、CD料を企画料と分けて以下の3～7の10%程度と算出するケースと、両方を一本化して請求するケースがある。

3. デザイン料金

１ページあたり、サイズ別で算出する。ラフスケッチやカンプ起こし、レイアウト作業、色指定などのデザイン制作全体を通して、作業の中心になる仕事。

4. コピー料

ページあたり、または原稿用紙枚数で算出する。キャッチフレーズを考えたり、本文、リード文などの文章を制作する仕事。

5. 写真料

１枚あたり計算することが多く、メイン写真と一般的な商品写真では単価に数倍の差がある。メイン写真は背景やモデルのセッティングやロケハンなどに特別な仕事が加わるからだ。撮影料金の他に、モデル料、ロケハン費用（旅費など）、スタジオ使用料などが実費加算される。

6. イラスト料

１点あたりで算出される。絵のタイプ、品質、制作にかかる時間数により大幅に差ができる。

7. 版下料

１点あたりで算出し、価格差は所要時間×技術水準で生まれる。デザイナーが下描きしたスケッチや指定書をトレースして描き起こす作業。

8. 営業経費

上記の1～7までの全作業×10%程度。チラシ発注者とAD、CD、写真撮影作業者との連絡、受け渡しを行う。

低価格の印刷会社で30％のコスト削減と納期短縮

DTPやコンピューターによるデータ送信システムを利用して、入稿や校正時に発生するロスを防いで、ローコストと短い納期を実現。

例えば、下記のプリントパック社では、最大30％余りのコストダウンをうたっている。

4営業日以内発送										
用紙	コート・マット　90kg　110kg					コート・マット　135kg				
印刷色数	フルカラー					フルカラー				
ページ数	4P	三ツ折6P	8P	12P	16P	4P	三ツ折6P	8P	12P	16P
100部	23,100	44,600	45,800	63,500	80,700	26,100	47,300	48,500	66,500	83,700
500部	25,300		51,900			28,100		55,500		
1,000部	28,600		59,500			31,300		62,500		
1,500部	33,700		69,000			36,300		72,000		
2,000部	38,600		77,300			41,500		81,100		

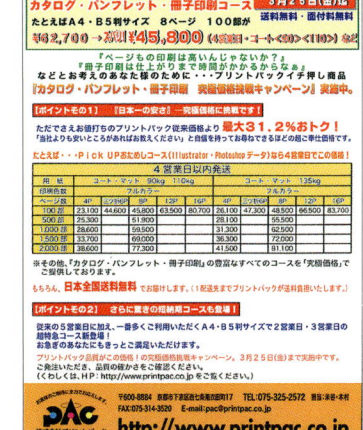

デザインがよければある程度の見栄えを確保できる

現状の完成されたチラシは必ずしも魅力的な水準とは言えず、印刷の仕上がりはごく標準的なレベルだ。

デザインのレベルと印刷管理能力が高ければ、チラシのタイプによっては、納期短縮とコストダウンを図れそうだ。

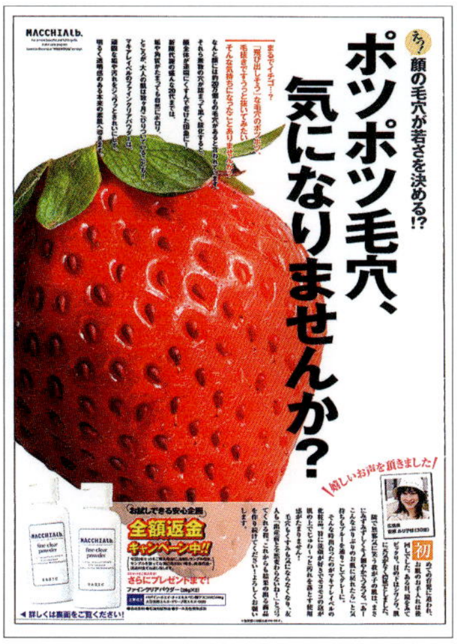

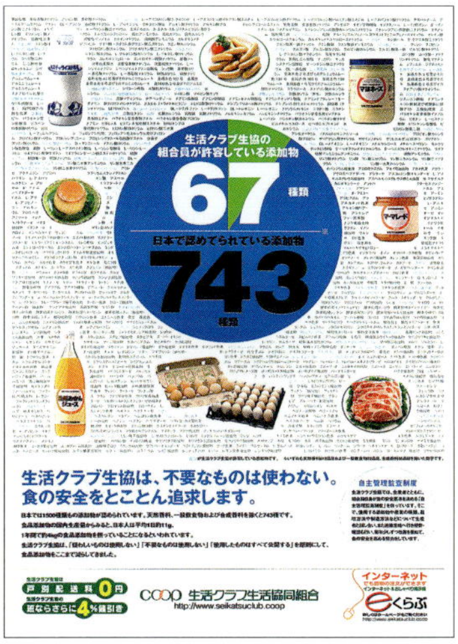

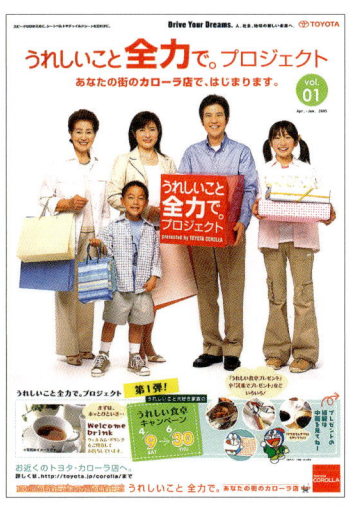

チラシの構成要素とデザイン

基本の構成は3ブロック

チラシの構成要素

3ブロックで構成するのがチラシの基本型
チラシを構成する要素は3つのパーツに分かれている。
1. 店の入り口に当たる導入部、2. 商品を並べた店内の各ブース、3. 店の責任体制を証明するコーナーだ。これらをバランスよく配置する。

基本型ならすぐに商品情報を探せる
紙面は、導入部（店の入り口）と本文部（店内）に区分けすると見やすくなる。入り口では季節感あふれるイベントを展開して訪問者の気持ちを盛り上げる。お客さんはそれを横目で見ながら目指す商品を探し出す。

基本型は見る人を落ち着かせる
例えば、どの神社も基本型がわかっているので、初めて訪れた人も迷いなく安心してお参りできる。
チラシの構成もまったく同じことで、シンプルな基本型ほど安心感がある。

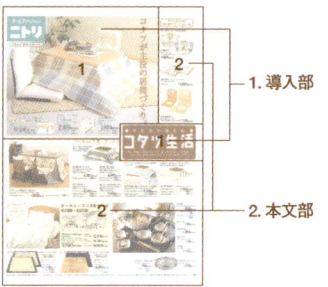
1. 導入部
2. 本文部

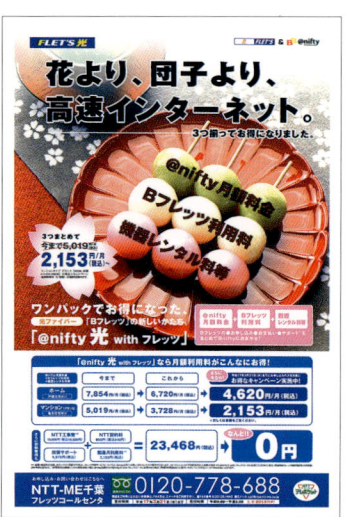

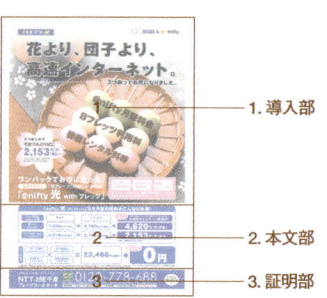
1. 導入部
2. 本文部
3. 証明部

必要なデータをピックアップする
住宅仲介業や通販業、薬品など業種によって特別な表記ルールがあり、文字の大きさや掲載する場所にも共通した決まり事がある。
無視すると責任所在の証明が不十分な印象になり、チラシに対する信用を失う。

1. 導入部

導入部は華やかに盛り上げる。新聞に折り込まれた多くのチラシの中から消費者の目を最初に引きつけるのが導入部の役割だ。メイン商品を一目でわかるように、もっと詳しくみたいと思うように盛り上げる。

コピー
店名 ‥‥▶ NY.NY
一目で分かるように目立つ配色で表す。フェアタイトルやキャッチフレーズより小さめでよい。定位置なので小さめでもすぐに読みとれる。サブタイトル—ニューヨークスタイルの味とボリューム！業種や店のポリシーを表して店のイメージをはっきりさせる。

写真
メインイメージ
一番人気の料理を中心にクローズアップして元気でホットなイメージを表現する。料理を食べるとどんな気持ちになるかを一目で伝えるためには写真のでき映えが決め手。

2. 本文部

チラシの最も基本的なじっくり見てほしいスペース。商品をしっかり選べるように説明的、実質的に配置する。商品のサイズや寸法、材質、価格など、購入を決定する商品情報をていねいに見せる。

アイテム数はB4表裏で100種
上品、高級のイメージを強調したいチラシは商品アイテムを絞り、逆に役立ち感を表すには多めにする。ライバル店のチランをチェックして、掲載するアイテム数を決める。

コピー
メインキャッチ‥‥▶ ニューヨークキャンペーンセット
最も目立たせフェアの特徴を盛り上げる。
サブキャッチ—お選び下さい。お好きなお食事3品＋アイスまたはドリンク3品
共感のわく具体的な言葉を本文に導く。「8月31日まで」と期間を限定することでお買い得感が強まり、早く行こう、という気にさせる。さらに、料理の写真でイメージをリードし、すでに店内でメニューを選んでいるような気持ちにさせる。

写真
準メイン写真
メインでない写真は少しだけ華やかさを控え、メイン写真との差を際立たせる。背景はできるだけ少なく、スプーンや皿などの添えものも控えめにして料理だけを撮ると抑えたイメージになる。メイン写真を使い回しするときは、トリミングでクローズアップして背景をなくす。

図説
図説は商品の品質を保証する。説明する姿勢を表すことで、商品自体に自信があることが伝わる。実用性の高い電気製品や保険業には特に必要だ。多すぎると理屈っぽくうるさい印象になる。また、食品やファッションには不要

説明的に配置する
料理の並べ方もできるだけ均一に、同じ大きさにする。じっくりと見比べられるようにレイアウトする

3 証明部

店の責任を証明するスペース。店名や住所、電話番号、購入方法や駐車場の有無などが書かれていることで店の責任体制がわかり、消費者は安心する。

文字組みは目立たせる必要はなく、目を近づけなければ読めないような小さな文字で表す。定位置なので小さくても確実に見つかる。いざというときに読めることがポイントだ。

信用不足は、ていねいな責任証明で補う
チラシの配布ルートは制約がなく自由自在だが、その分、信用度が低くなりやすい。
信用不足を補うには責任の所在証明が重要だ。店名、社名をはっきり表示するだけでなく、住所や電話番号、同業者間で決めた登録番号なども詳細に表示する。

来店型チラシの構成

来店型チラシは、実物を見たいと思わせるイメージを

商品を入手するとどんなに楽しいか、そのイメージを視覚化して表す。実物は来店して確認できるので、商品の説明は簡潔でも構わない。実物を見たいと思わせるイメージ表現が大切だ。

左上角は目玉商品の特等席

チラシの中で、まず目がいくのが左上。ここには一番売りたいお買得商品を載せる。その他にも、四隅は定番や日替わりのお買い得情報を散りばめ、早くお店に行かなければという気にさせる。

ボジョレーヌーボーで、来店したい気分にさせる

いつでも入手できると思っている商品でも、期間や時間帯、個数などを限定されると、せき立てられるような、うきうきした気分になる。

Good 大きく堂々と掲げた店名が自信を暗に示し、力強く表示されているので見る人は店のやる気を感じる

店名は一番最初に目につくと安心

店名はすぐに見つかる場所に置く。店名が見つからないと責任者がいないようで信頼感がわかない。

NG 店名を中段に移すと、一瞬、戸惑う。はっきり表示はされているが、定位置を外れていると、落ち着かず、信頼できない気分だ

商品価値を裏付ける情報が安心させる

食品の生産者名表示や添加物の詳しい表示、製造年月日、住宅の周辺環境写真は商品の価値を裏付け、安心させる。

立地のわかる地図や、周辺環境が伝わる写真で、信頼と安心感を得る

裏面は気分を変えて衣料品の情報

食料品は、何といっても消費者を一番引きつけるので、食料品情報は表面に載せるのが基本。裏面は、表を全部見終わって、ホッと一息つかせるのが効果的。衣料品や家庭雑貨、日用品などだ。必要に迫られていない商品であっても、ゆっくり見ていくうちに発見があって、2度も3度も楽しめる。

1枚チラシ（ペラもの）の表裏はデザインで変化をつけて

上のように、1枚ものチラシは、表裏のデザインに変化をつけて、表裏を印象づける。

表面は比較的自由なレイアウト、配色は原色主体、写真の大小差をつけている。裏面は穏やかなトーンの配色、人物写真を入れるなど、1枚でも異なる表情で演出する。

連続チラシは統一デザインで

繰り返し配布するチラシは配色やデザインを統一し同じ印象のレイアウトを守ることが基本だ。繰り返しでショップイメージが浸透し、信頼感がわく。

通販型チラシの構成

完璧な全面対応表現で、来店しないお客さんを買う気持ちにさせる

一見、泥臭く感じる通販チラシには、チラシの表現の特徴が最大限に盛り込まれている。
来店せず、実物の商品を見ない人をチラシだけで説得し、注文行動を起こさせるためにはユーザーの気持ちに全面的に応える完璧な表現が必要だ。精神的な満足感を表す実景写真からていねいな説明写真まで多様な表現で説得しようとしている。

通販型チラシ8つのポイント

通販型チラシは8つの要素で、チラシを見る人の精神的満足を証明し、実用性、堅実さをアピールし、参加感、開放感を表現している。その要素を挙げてみる。

精神的満足の証明

1. 背景のある使用中写真⇒見る人がその場にいる気分になり、満足感が味わえる。

実用性、堅実さの証明

2. 責任表示⇒社名や住所など、信用を保証する詳細データをチラシの導入部にあたるトップスペースに大きく表す。

3. 図解説明⇒高さや幅、使用したときの状態をていねいに図解で説明する。

4. 情報を最大限に⇒余白がまったくないくらい写真と説明文を詰め込み、お買い得感、激安感、堅実さを暗示する。

5. 価格表示は大きく商品に重ねて激安感を出す。

参加感、開放感の表現

6. 支払い方法⇒＜分割払い＞や＜おまけつき＞＜今なら割引＞をうたい支払う気持ちの抵抗感をやわらげる。

7. キャッチコピーの多層化⇒様々な考え方、感じ方の人に向けて様々な呼びかけをして、1つでも共感する言葉に出会うようにする。

8. 言葉を視覚化する⇒キーワードになる言葉をロゴマークやイラストにすると視覚的になり、感情にストレートに響くようになる。

---

7. キャッチコピーの複層化
「籐座いす3点セット」を「くるっと回転」や「…丈夫で安心」などの使用感や事故への心配をカバーするキャッチフレーズで囲んで共感が固め、心配性の人も納得させる。

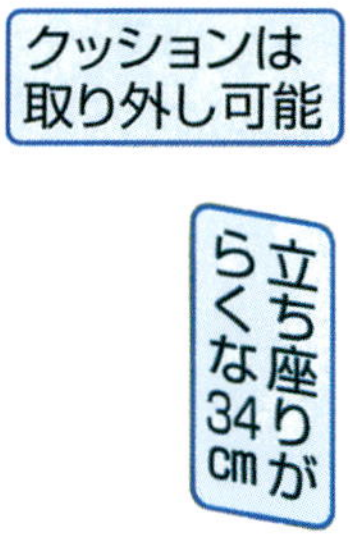

5. 価格を大きく
特太文字を鮮やかな黄色と赤の組み合わせで目立たせた価格表示。堂々と大きく表示すると価格に自信があるというメッセージが伝わる。また、渋い色調の写真に鮮やかな色面が加わったので、全体が生き生きした印象になり、渋さが落ち着いたプラスイメージに変わる。

1. 使用中の写真
女性が片手で持ち上げたり、腰掛ける様子を写真で見せることで、自分がその場で確かめているような気持ちにさせる。そこに「持ち運びらくらく」と臨場感を表す言葉、さらに「籐製だから軽く…」と納得した理由をもカバーする。三重の説得表現で意図した通りの「実感」が伝わる。

6. 支払い方法
分割払いにすることで1回の支払い額を低く抑えると、支払いやすい印象になる。1回わずか1,000円であることを赤で強調する。

2. 社名連絡先
社名をはっきり目立たせ責任の所在をはっきりさせる。所属する業界団体名をロゴマーク付きで示して信用を補強し、店名の上に社のモットーを添え、さらに、赤い羽根共同募金の参加も示して社会的責任を重視していることをさり気なくアピール。

通販型は来店型と違い、対面コミュニケーションがないので多重の信用証明が必要になる。

②クレジットカード 〔下記のクレジットカードがご利用いただけます。〕

6. 支払い方法
10種のカードをロゴマークで表す。支払い方法がいろいろあり、自分の持っているカードも使えることを伝える。さらに、支払い方法も代金引き換え、クレジットカードによる一括払いなど様々あることを紹介し、購入しやすい印象をつくる。

4. ぎっしり満載の情報
ほとんど余白がない紙面。わずかなスペースにもフキダシ型の文字やアイコン型のマークを押し込み、情報がぎっしり詰め込まれている。情報を詰め込むとお買い得感がイメージされ、このチラシの商品がお買い得であることを連想させる。

反対に、高級感を表す場合は余白を多めにする。

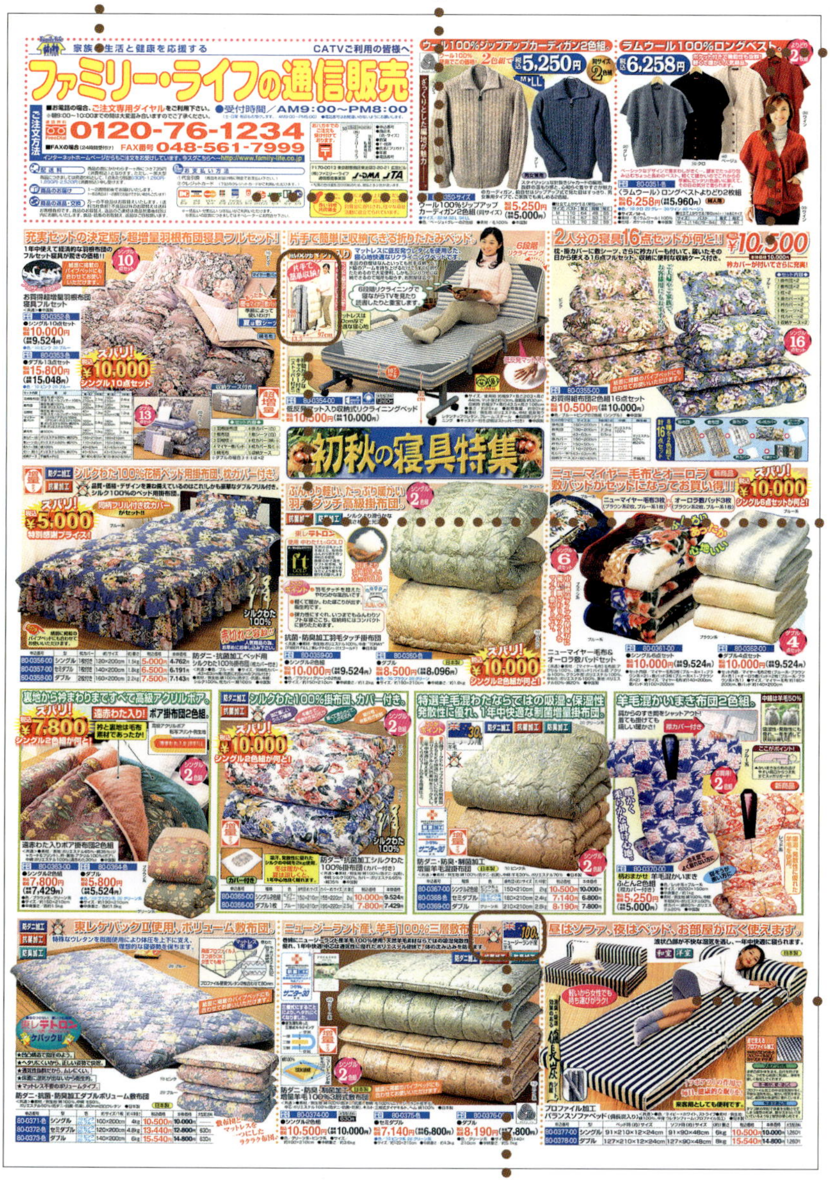

5. はっきり目立つ価格表示

価格を大きくはっきり目立たせると、価格に自信があることを表し、お買い得感が伝わる。さらに「ズバリ」の言葉と星形の背景を添えて、とてもお買い得であることを強調する。

3. 図解で納得させる

商品の大きさや、収納時の大きさを人体を添えた写真で表現する。単に数字や文字だけ寸法を示すのではなく、モデルと一緒なので一目見ただけで実際の大きさがイメージでき、安心感も生まれる。

1. 使用の実感がわく写真
モデルの日常的な表情が見る人の距離を縮める。片膝を浮かせ、ベットに腰掛けて雑誌を読む自然なポーズが、親しみの持てる臨場感を生み、自分も座っているような参加感が表れる。さらにマットの低反発を手を添えた写真で暗示し、使い心地を納得させる。

7. キャッチコピー
商品の特徴を表すキャッチコピーは1種類だけでなく様々な角度からアピールする。襟カバーがすき間がないこと、柔らかで心地よいこと、冷え性の人、寝相の悪い人など様々なシーンを見せる。

8. 文字情報を視覚化したアイコン
文字や数字は理性的、客観的なので信頼感はわくが、堅すぎる印象もある。イラストやマークにすると親しみやすくなり、文字や数字の理性的なイメージと親しみやすさが同時に表れる。国旗でニュージーランドを表し、ダニの絵に×で、特徴が一度に伝わる。

キャッチコピー

チラシの構成要素

3要素で組み立てる
効果的なキャッチフレーズは、短く簡潔なコピーだ。一瞬のうちに興味を引き寄せるストレートで短い文章で表現する。チラシに目を向けさせるだけでなく、見る人に共感を覚えさせることが大切。

共感 ＋ メイン商品 ＋ 限定感
人気の ＋ フィットが ＋ 頭金なしで月々5,400円で購入できる

1. 限定感
「1日たったの150円」「今なら15％引き」「北海道大特集」などのお買い得感や限定感のあるキャッチフレーズが気分を刺激し、気持ちを駆り立てる。

2. 共感
ひな祭り、土用の丑の日、お彼岸などの季節感を表す言葉は、心をなごませ、共感を呼ぶ。キャッチフレーズの中に程よく組み入れると、好感度が高まる。

3. メイン商品
何を売っている店なのかは、大きな商品写真があれば文章がなくてもはっきり伝わる。何の店かを常に表現していなければ、見る人にとっては、ただの色刷りの紙になってしまう。

多層の表現で共感を得る
チラシを見る人の立場や趣味は様々だ。多くの人に共感してもらうためには、様々な見方、感じ方から発した言葉が必要だ。安いことに魅力を感じるときもあれば、使いやすい高性能に魅力を感じることもある。多層の視点で特徴を表す。

パソコンができるあなたに変わる！ ＋ パソコン3回無料 ＋ 実証：アビバで学ぶ先輩の声／保証：アビバだから大丈夫！

多層のキャッチフレーズで説得する

タイトルとサブタイトルで補い合う
タイトルはできるだけ短くし、サブタイトルで具体的に補足説明して納得させるのが基本型。ひとつのタイトルだけですべてを語る必要はない。表現の違う2つに分かれることで、立体的で力強い言葉になる。

タイトル：パソコンであなたがかわる／ビッグチャンス／秋の大感謝祭

サブタイトル：パソコン3回無料／半期に一度の決算／秋を快適に過ごすアイテム勢揃い

心に響く価格表示

「全品10,000円引き」よりも「どんなカメラでも10,000円で下取り」と書かれている方が店の熱意が感じられ、心が動かされる。

全商品10,000円引き	ビデオカメラ コンパクトカメラ 一眼レフなど	具体的に親切に
クールな説明	どんなカメラでも10,000円で下取り	ホットな言い方
NG 行動を誘わない	**Good** 行動を起こさせる説明	

限定表現で行動を起こさせる

一般的な「10,000円引き」としないで「下取り」と表す。値引き対象がごく少数のあなたに限られているというイメージが強く表れ、買いたい気持ちがより一歩行動に近づく

キャッチフレーズの例（車）

人気のフィットが頭金なしで月々5,400円で購入できる！
お得！通常最大18,000円のキャッシュバック！
ご成約でプラスワンプレゼント！
来て　見て　乗って　体感しませんか？
チョコッと試乗キャンペーン
新車だから便利なトク得セットでお買い得！！
ナビでおでかけキャンペーン
お出かけが、どんどん軽くなる　SKIP！ALTO誕生
自由を楽しむ、ゴルフワゴン　フライハイトデビュー！
お求めのチャンス！人気の車種が2.9％特別金利クレジット実施中
今なら頭金0円の月々9,800円。しかもボーナスのお支払いは来年の夏から
買ってからも安心
試乗プレゼントキャンペーン実施中！
よりパワフルに　よりゆとりのある走りに
秋のリフレッシュメンテナンスフェア開催！

キャッチフレーズの例（食品スーパーの場合）

＜限定品！→HOTな気持ちになる＞
ズバリ！期間限定商品！売り切れ御免！
1/28（水）限り　生本まぐろ5割引！！
お一人様1点限り　キャノーラ油
徹底値下げ！
ビックリ得の市
感謝をこめて全店合同感謝セール開催！
＜安さが一番→お得感＞
冷凍食品　半額
全品20％OFF
青果99円均一
＜キャンペーン→わくわく感、興味がわく＞
秋の味覚早獲り特集
北海道フェア
あったか鍋
からだに優しい三浦屋手づくり惣菜
毎日のメニューに大活躍

キャッチコピー

チラシの構成要素

季節感を表す言葉
私たちは季節感を表す言葉に反応する。春の桜、5月のアヤメ、初夏のあじさい、盛夏のかき氷や団扇、風鈴というように、季節感を表す言葉を聞いただけで気持ちがフッと動きやすらいだような気分になる。季節感表現は歓迎感を表す大切なキーワードだ。

イベントに取り込んでイメージアップする
季節ごと、月ごとの特徴に季節表現を取り入れるとフェアの特徴がより伝わる。＜3月の特別セール＞よりも＜桜祭り特別セール＞の方が心に響き、ちょっと寄ってみたい気持ちになる。事実を客観的に伝えるだけでなく、感情や情緒に訴えることで共感が生まれる。

1月	正月　初春　初夢　初詣　初日の出　新年会　鏡開き　おせち料理　七草がゆ　書き初め　冬休み　成人の日　餅つき　初売り　新春　開運　お年玉　お楽しみ福袋　お雑煮　買い初め　初荷　新成人　受験生　合格最前線　きもの　日本の正月　あったか温野菜　2010年！HAPPY　ハートフル　冬のあったかグッズ　あけましておめでとうございます　本年も変わらぬご愛顧を
2月	節分　バレンタインデー　風邪対策　ウィンタースポーツ　立春　雪解け　梅のつぼみ　ラストウインター　豆まき　早春　春一番　寒い夜　冬シーズン真っ最中　季節の変わり目　先駆け！スプリング　春の便り　春色　福はうち鬼は外　早春真っ盛り　春はすぐそこ！　あったかメニュー　ふかふかニット　スプリングコート　街に出よう
3月	ひなまつり　ホワイトデー　お彼岸　春休み　卒業式・謝恩会　花粉症対策　春分　ぼたもち　新生活準備　新入学新社会人　フレッシュマン通勤　就職卒業おめでとう！　スプリング新しい生活を応援　春の便り出会いの季節　春のオシャレ前線がんばれ！　春のトレンド　ちらし寿司　精進揚げ
4月	入園・入学式　新学年　新学期　クラス替え　新生活　フレッシャーズ　引っ越し　お花見　エイプリルフール　イースター　遠足　ご進学・ご入学　ピクニック　アウトドア　レジャー　ビギナー　フレッシュマン　ひとり暮らし　気分一新　山菜　新鮮！春色　新しいことはじめてみませんか？　パステルカラー　きれい色　明るく爽やか　ワクワク！ドキドキ！新生活　ゴールデンウィーク
5月	ゴールデンウィーク　母の日　こどもの日　端午の節句　鯉のぼり　修学旅行　春の行楽　新緑　新茶　柏餅　立夏　八十八夜　お母さんありがとう　初夏　五月晴れ　アウトドア　ガーデニングシーズン　ポカポカ陽気　行楽弁当　夏を先取り！
6月	衣替え　父の日　梅雨（入梅）　紫陽花　ジューンブライド　潮干狩り　深緑　夏至　夏のボーナス　初夏　雨　湿気対策　婚礼　幸せな花嫁　お中元　夏物　夏色　涼　レイングッズ　ブライダル　リゾート気分　夏を乗りきる　おとうさんありがとう！　Thanks PAPA！　冷房
7月	七夕　土用丑の日　海の日　海開き　海水浴　ビール　お中元　真夏　日射病　夏期講習　夏休み　夏のバカンス　夏まつり　サマー　トロピカルフルーツ　浴衣　水着　うちわ　夏バテ防止
8月	夏休み　花火大会　夏祭り　お盆　避暑　暑中見舞い　残暑　キャンプ　日焼け　浴衣　水着　帰省　アイスクリーム　立秋　晩夏　盛夏　納涼　夏の夜市　サマーバケーション　ヴァカンス　グッバイサマー　自由研究　涼顔　ビール　サンダル　カレー　バーベキュー　夏の太陽　ギンギンに冷えた一杯　夏の思い出　一足早い秋の風
9月	新学期　防災の日　敬老の日　お月見　お彼岸　台風　秋の味覚　秋分　秋刀魚　おはぎ　秋涼　秋晴れ　秋祭り　十五夜　オータム　秋野菜　キノコ　秋の気配　秋の匂い　美味しい秋　秋色　夏に疲れた　秋の食道楽シーズン　山からとどいた恵み　おばあちゃん、だ〜い好き
10月	衣替え　秋の行楽　ハロウィン　学園祭　運動会　体育の日　読書の秋　夜長　みのりの秋　紅葉狩り　七五三　収穫祭　新米　きのこ　食欲の秋　スポーツ　ヨーイ、ドン！　オータム　冬もの先取り　秋色　黄金色の街　さんま
11月	七五三　冬支度　落葉　小春日和　修学旅行　勤労感謝の日　酉の市　ボジョレーヌーヴォー解禁　ボーナス　受験　お歳暮　風邪予防　乾燥　早めの年賀はがき　ウィンタースポーツ　あったかニット　あったか鍋　早めの冬対策　暖房　寒い夜　あつあつメニュー
12月	クリスマス　忘年会　年末　歳末　お歳暮　大掃除　大晦日　年越しそば　除夜の鐘　冬至　かぼちゃ　柚子湯　ボーナス　イヴ　パーティー　冬将軍　お正月準備　暮れ　来年　迎春　年内最終　年の瀬　おせち　スキー・スノボー　今年一年の感謝を込めて　この一年のご愛顧に感謝　からだの芯からあったまろう　年の瀬にうれしいおいしさがいっぱい　ラスト　あったか　ホット　寒さを乗りきれ！　2009グッバイ　年末年始のご挨拶

こだわりを表すコピー

限定した言葉を加えると人はこだわりを感じとり、急に自分との距離が近くなり、自分に合ったもののような気持ちになる。例えば、酒と言わずに銘酒、古酒、新酒、秘酒など限定しただけで気持ちに1歩も2歩も近づく。

お買い得感を表すコピー

お一人様3点まで、売り切れ御免、お得な2日間と価格や時間、数量に限りがあることを表すとお買い得感がわき、早く参加しなければ、という気持ちにさせる。さらに具体的に35％引き、半額セール、手数料無料と訴えるとお買い得感が最大になる。

こだわり

味覚早獲り　子どもがよろこぶ　開運
あったか鍋！　お母さんの味
とことんカジュアル　からだに優しい
親子でたのしむ　ワンランクアップ
大活躍　よく育った　女性が喜ぶ
売筋Best10　食べ方いろいろ
社会人必須アイテム　人気ベスト10
○○港発　大人を演出する
BESTセレクション　北海道　肌を守ろう
便利　東北　組み合わせ自由自在
快適　信州　より美しいラインを見せる
定番　博多うまかもん　おしゃれ
軽くてあたたかい　これさえあれば
産地直送　大人カジュアル宣言！
おもてなし　南の海から　春夏トレンド
いいもの　北の大地から届く
トレンド　通勤アイテム　とっておき
魚市場　プレゼントに選びたい
極上海外ブランド　素材の美味しさが光る
いいものいっぱい　有名メーカー
スポーツあとの乾いた体に　愛情一杯
有名ブランド　今年欲しかった
勝負の一着　銘酒　この季節のネライめ
有名銘菓　足から始まる
必須アイテム　輸入食品　今が旬
秋だから着たい　全国ブランド牛肉
タイプ別コーディネート　逸品
まず欲しいのはこの一枚　高級食材
憧れのブランド　品質と安さで勝負
当店におまかせ！　オーダー
ちょっとリッチに！　ちょっとおませな
賢い収納術　たまにはリッチに！
上級カジュアル　アイデア勝負
レストラン気分　お部屋を明るく
リラックス　ホテル風ディナー
とれたて情報　鮮度一番　愛あったか温野菜
あったか鍋料理　もっとクールに　厳選
すき焼きに最適　女らしさが薫る
新鮮　春野菜で楽しむ　夏バテ防止に！
エレガントに決めたい　新作　季節限定
いいもの実感　ボリューム満点！
大切な七五三の思い出　旬の素材
フレッシュ　秘蔵мет　家族で過ごす
消化の良いバランス夜食　健やか健康
天然素材　低カロリーで栄養満点！
スタミナメニュー　Fresh　解禁
さっぱり＆ヘルシー　我が家だけの
栄養満点　旨いものにはワケがある
賞味期限　健康家族　魚介類のおいしい季節！
2008・秋　家族団欒　世界　ママの手づくり
ナチュラル素材　焼いてよし！煮てよし！
日本全国　こだわりの素材　お祝いディナー
夕食においしい　全国　愛情込めた手作り
大地の恵み　アブラののった旬の魚　大博覧会
ギンギンに冷えた　あつあつ！ホットメニュー
展覧会　なつかしい味　簡単！アイデア料理
百貨店　ふるさと　アイデア朝食
最大のスケール　昔ながらのパーティーグルメ

限定、安価

冷凍食品半額　全品20％OFF　青果90円均一
ポイント2倍デー　分割28回払い
手数料は無料　大幅値引き　月々10,000円
驚きの価格　1日たったの150円
35％値引き　生本まぐろ5割引！！
キャノーラ油徹底値下げ！　得盛りセール
見切り市　最終処分市　この価格！！
半額セール　大特価　半額市　卸値市
おトクな3日間　御得意様限定
全品30％OFF!!　売り尽くしSALE
大幅プライスダウン　大バーゲン　驚きの価格
徹底値下げ　大創業祭　特価品大行進！
特売セール　大売出し！　徹底赤札市
超特価！　大廉価！　徹底処分市　お値打ち

スペシャルセール、特売

ズバリ！　特集第1弾　期間限定商品！
おすすめ　売り切れ御免！　○○祭り
5/12(水)限り　大集合　お一人様1点限り
○○の日　ビックリ得の市　特選品
感謝をこめて全感謝セール　宣言
数量限定　大放出！開店5周年大感謝祭
総決算　大人気　○○大会　新製品　満載
大セール　定番！　続々入荷　得盛りセール
スペシャルセール開催！　ここに集結
ラストチャンスセール　一挙公開
お値打ちセール　特選品大集合
サマーセール　いっぱい　先取りセール
活用術　特別セール　勢揃い
特売セール　大奉仕　クリアランスセール
大作戦　処分セール　ハッピーメニュー特集
とっておきセレクトセール　料理特集
ワゴンセール　コーディネート提案
見本市　メニュー提案　ワゴン市
アイデアいろいろ　◎得市　詰め込みました
赤札市　スペシャルプライス　さわやか市
キャンペーン実施中！得だ値市
たくさん集めました　味覚市　取り揃えました
うまい市　お買い得商品満載　ギフトフェア
コーナー開設　活き活きフェア　お届け！
応援フェア　シーズン到来　プレゼントフェア
価格で応援　フェスタ　続々登場
フェスティバル！　恒例！
グランドフェスティバル！　必見！
セレクション　この秋最大のスケールでおくる
コレクション　ご注意!!　キャンペーン
あなたの秋応援します　ランキング
ラインナップ　コーディネイトメニュー
スペシャル　カタログ

※参考資料：オリコミナビ.com
(http://www.orikomi-navi.com/)

商品写真　商品を生き生き見せる

チラシの構成要素

よい商品写真が消費者の意欲をそそる

生き生きした商品写真は見る人を安心させ、好感度もアップする。第一印象で好感を持たれると、他の詳しい商品情報に入る前から、その気持ちが続き、納得してもらうまでに、そう時間はかからない。

しかし、第一印象が悪いと素通りしてしまうか、目に止まったとしても、批判的な目で見られ、誤解を解くのに時間がかかる。

Good おいしそうなジャガイモやマンゴーに止まった視線は、キャッチフレーズの＜野菜・果物＞や＜創業祭＞に導かれ、店名マークや詳細情報に自然に入っていく

商品を生き生き見せる2つのポイント1
セッティングで生き生きさせる

セッティングを変えるだけでイメージはまったく変わる。例えばファッション。衣服だけをシンプルにセットすると無駄のないクリアなイメージになり、モデルが着た場合は情緒性が強まり、豊かな表情が表れる。

さらにどんな背景にするかも重要だ。衣服のイメージにぴったりな背景をセッティングすると、イメージが盛り上がるが、不似合いな背景で撮ると、見る人はしらけてしまい、せっかくの商品が台無しになる。

NG ただ積み上げただけのパパイヤではおいしさが伝わらない

配色でイメージをさらに強める

赤いパッケージの口紅は同系のピンクのリボンを添えて撮影。デザインでも同系色を使ってモノトーンに統一して、こだわりのある世界を表現している。

Good ケースからとび出した口紅
口紅は見る人の気持ちに直接訴える。目の前にその口紅があり、手に取って自分で使っているような錯覚を起こさせる

NG ケースに納まって口紅が見えない
この写真を見た人は商品の口紅が見えない。自分の頭の中で、口紅を想像しなければならない

背景写真の情景でイメージをつくる

明るくカジュアルなファッション商品に、明るくカジュアルな情景が添えられると、カジュアル感がより生き生きと表れる。大人の落ち着いたイメージのファッションには重厚で格調を感じさせる背景を添えるとそのイメージがはっきり伝わる。商品にふさわしい情景が加わると、そのイメージがより強く、確実に伝わる。

イント
ポイント2
カメラワーク

光の当て方やピントの深浅などのカメラワークの違いでイメージは変わる。光を正面から当てると、几帳面で少し堅苦しいイメージになり、後ろから当てた逆光は情緒的なイメージが強くなる。同じ人物でも斜め前方から強い光を当てると健康的で明るい印象になり、逆光を強調するとかげりのある印象に変わる。

Good ピザの表面に強い光を当て、アップで撮ると、商品のピザが見る人に一歩近づいておいしさが伝わってくる

NG ピザが見えない
商品写真がないと気分も盛り上がらない。頭で一度ピザの形を思い浮かべなければならない

NG 小さな商品写真はとりすまして訴える力がない
大きな写真は、商品に自信がある積極的なイメージを表す。小さいと自信が感じられず、食べたい気持ちが起きない

背景なしの商品写真は理性に訴える

背景をなくすとすっきりした理性的なイメージが表れる。商品を選ぶときは何となく気分で決めるのではなく自分の目でしっかり見極めようとする理性的な人にぴったりの表現だ。

下段の商品情報部分の背景はなくし、よく検討できるように。
上段には、モデルに着用させて情感を加味した

背景なし 　　背景あり

商品写真　おいしそうな写真の撮り方

チラシの構成要素

食品写真を生き生き撮る工夫
おいしそうな写真を見ると思わず見入ってしまう。何気なく紹介されているチラシの写真だが、撮影の2原則が隅々まで生かされ、上質なチラシ表現を完成させている。

写真は人間の情緒に直接働きかけ、眠っていた感情を呼び覚ます強い力がある。生き生きした写真なしでは食品を魅力的に表すことはできない。

ポイント1　セッティング
器や添えもので食品を生き生きさせる
食品をパッケージから出し食卓に並べると見る人に近づき、より魅力的になる。さらに食品をスプーンですくうと、動きが出て、さらに近づいてくる。食品への参加感を高めるほど共感が高まる。

参加感を表す
・パッケージから取り出す
・お菓子は2つに割る、器に盛る
・スプーン、ハシですくう
・湯気やしずくを出す
・食品の原材料、産地、泥、自然物を添える

配色で補強する
白い食品は黒い器、黒い食品は明るい器に盛る。背景色を使い分けるとさらに食品が引き立つ。渋い色の食品は鮮やかな花やつけあわせを添えると全体が華やかになり活気が表れる。
白い食品　　黒い器＋鮮やかなアクセント色
黒い食品　　明るい器＋鮮やかなアクセント色
渋い地味な食品　明暗差のはっきりした器＋鮮やかなアクセント
鮮やかな食品　渋め、地味な器＋鮮やかなアクセント
同じ色相の食品　反対色のアクセント、赤い肉には少量の緑を添える

ポイント2　撮影方法
カメラワークで食品らしい特長を表す
やや上後方からの天逆光で光を当てると食品の情緒性とマッチして、共感を呼ぶ。正面からの光にすると証明写真のような説明的な写真になり、食品にふさわしい情感がない。

Good　逆光のライティングピントは手前のケーキに。ドラマチックな印象だ

Good　白い食品は黒の器に盛るとおいしく見える

NG　白い器に盛ると白さが引き立たず、冷たく見える

40

NG 全体に光が当たりフラットでメリハリがない。食べたい気にならない

Good ピントの合う部分を一部分だけにすると視線はそこに集まり情緒的だ

NG 前方正面からのライティング。説明的で冷たい印象になる

テストの特性を生かす

和風食品は整然と並べないで、斜め置きや千鳥模様に組み合わせる。
スイーツは明るい器に盛って楽しそうなイメージにする。

Good 渋い色の食品は、明るい器に盛って、鮮やかな花が添えられておいしそう

NG 同じような明るさの器に盛ると引き立たない

41

地図

チラシの構成要素

地図は訪問したい気分を後押しする

チラシの内容を見て行ってみたい気持ちになったとき、もうひと押しするのが地図の役割だ。粗雑な地図では店のイメージも粗悪にしてしまうので形のすっきりした美しい地図で店の信用を高める。形を整えるための6つのポイント（右ページ参照）で見やすい地図を描こう。

店のタイプに合わせた表現

地図の表現は大別して3つある。自店のタイプにぴったりな表現を使う。

地図を描く手順

1. 正確な地図帳を用意する
自店と主な幹線道路、駅の関係がわかる正確な地図帳を用意する。自店の周辺をよく知っているつもりでも距離感や交差道の傾きなど、見落としているかもしれない。

2. 大きめな枠にスケッチを描く
チラシ内に入る地図の大きさが決まったら、その1.5倍～2倍くらいの白紙の枠をつくる。印刷仕上がりよりも少しだけ大きめに描くと印刷されたときにきれいに仕上がる。

3. スケッチで地図の下描きを描く
省略型の地図を描くときは、この段階が最も重要だ。まず、自店と主要な目印となる駅と幹線道路、店名表示枠の4つの関係を紙面にバランスよく配置する。4要素が納まってから川や橋、銀行などの細部を描く。

4. 仕上げはパソコンかトレースで
スケッチから印刷用の版下に仕上げるには、製図ペンなどでトレースする方法かパソコンを使う方法がある。パソコンソフトは、複雑な線でも細かく表現でき、線の太さや色も簡単に変えることができるので、地図作成には便利だ。

1. 緻密型

細部まで正確に表す。誠実で信頼感がわくが、堅苦しいイメージがあるので明るい配色でカバーする。

バーズアイ型

バーズアイ型

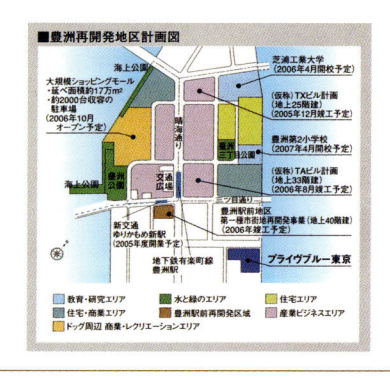

42

すっきりした地図を描くための6つのポイント

- 自店、主な目印(駅など)、幹線道路、店名表示枠の4要素をスペースに偏りなく納める。
- その他の要素(銀行、橋、川など)は控えめに表す。主役4要素がすっきり見えるよう、できるだけ省略する。
- 道路、文字は水平、垂直にする。斜めにすると目立ちすぎ、雑然となる。
- 道路の太さ、文字の大きさは2、3種にまとめる。太さ、大きさを変えすぎると雑然とする。
- 余白を均一にし、文字の位置を集中させない。
- ロゴマークで示すとひと目でわかる。

NG 要素が多すぎて、肝心の店がどこにあるのかわかりづらい

2. 軽省略型(標準型)

店の位置と目印になる駅などを中心に表し、他は省略する。明るい印象で役に立つ標準的な表現。

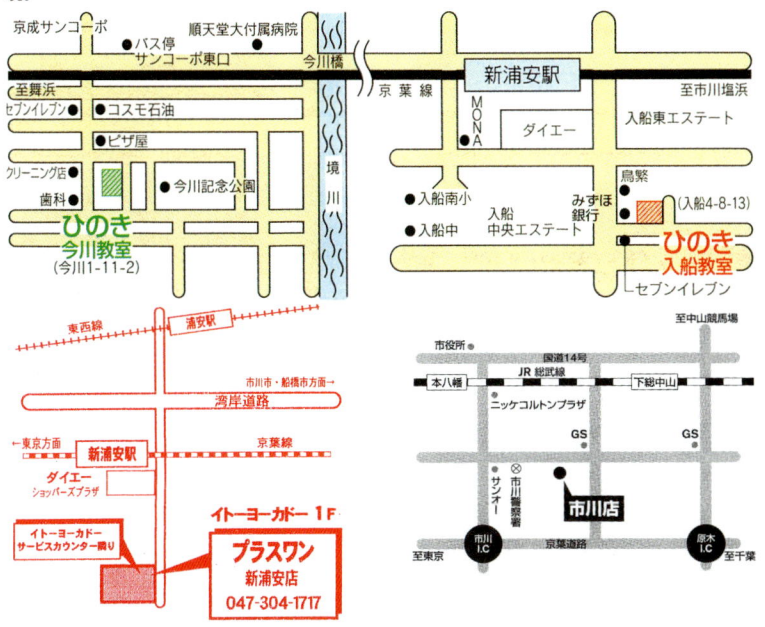

3. 超省略型

シンプルな線だけに省略して表すとスタイリッシュで気取った印象になる。

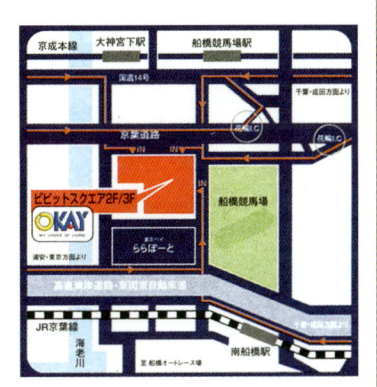

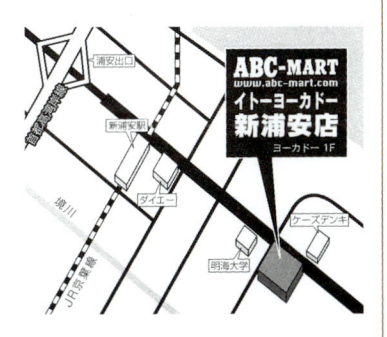

43

よいデザインの条件

消費者は求めているイメージに ぴったりの店に行く

チラシを見て、その店に行きたいと思うのは、何を売っているかだけではない。店のコンセプトが自分のイメージに合っていることが必要。
同じ物を買う場合でも、急いでいるときは近くのコンビニですませ、まとめて買う際はスーパーまで足を延ばす。さらに時間があり、新しい情報が欲しければデパートでのんびりと買い物したいと思う。自店の目指すコンセプトがどのあたりかを見極め、ぴったりの表現ができると訪問者は共感する。

消費者が求めるものと実際のお店のコンセプト、チラシのコンセプトが一致すると来客者は求めていた店に行けると安心し、好感度が最も高まる。

扱う商品は同じでも、 違うイメージ表現になっている

右ページの大きなチラシは、デパートの物産展のもの。このチラシを原案にして、8つのデザインプランを考えてみた。商品写真とキャッチコピーはどのプランでも共通だが、デザインのコンセプトが違うので、写真の扱い方、文字組み、余

激安店のテイスト表現
スーツを少しでも安く買いたいニーズに応える表現。元気の出る鮮やかな配色、大きな価格表示が激安をアピールする

高級格調店型のテイスト表現
商品写真の点数を少なくして、配色を抑え、値札も小さくすると高級店のテイストに変わる

プランA　コンセプト→激安

表現コンセプトで デザインの表現の仕方は違う

チラシをデザインするとき最も難しいのが表現コンセプトだ。歓迎感を表すには明るい色と生き生きした商品写真を使えば表現できる。しかしコンセプト表現は少々の工夫が必要だ。

プランC　コンセプト→カジュアル

プランD　コンセプト→自然な

プランE　コンセプト→華やか

白の取り方、配色、タイトルの大きさなどの扱い方はまったく違うものになっている。各々のレイアウトの要素は、表現したいコンセプトによって操作されるからだ。

消費者ターゲット、表現コンセプト、そして最終形のレイアウトが一致したとき、よいコミュニケーションが成立するわけで、はじめてよいデザインといえる。

プランB　コンセプト→実用的

原案
親しみやすさとデパートの持つ格調のバランスを上手にとっている

プランF　コンセプト→格調高い

プランG　コンセプト→スタイリッシュ

プランH　コンセプト→おしゃれな

レイアウト用紙

デザインの土台が
レイアウト用紙

レイアウト用紙がなくても、A3版なりB3版の仕上がり寸法に合わせて、写真や文字を自由に配置していけば、チラシができ上がる。

しかし、きちんとしたレイアウト用紙を設計せずに始めたチラシは、混乱の原因になる時限爆弾を知らずに持ち歩いているような状態なのだ。

野球場にはホームベースやファール線があり、サッカーグラウンドにゴールやセンターサークルがあるように、チラシのデザインにも暗黙の型がある。型を無視しても、それふうのチラシができ上がるが、なぜか信頼できない印象になってしまう。

レイアウトフォーマットで
デザインが安定する

私たちの日常は、気づかないまま、様々な決まり事に守られ日々を過ごしている。食事を始めるときには、なんらかの合図や乾杯の挨拶があり、食事が楽しくなる。デザインを始める前に、レイアウト用紙の設計がしっかり固まってないと、土台のないままに家づくりを始めたようなもので、途中で崩れてしまう。

レイアウトフォーマットは
自由に崩せる

レイアウト用紙には、版面の広さ、位置、本文の大きさ、行間など、レイアウト上の約束事が盛り込まれている。これをレイアウトフォーマットという。このフォーマットは基準線なので、すべてこの約束事で縛られる必要はない。むしろ、どんどん崩して自由な形をつくり出していくためのベースキャンプといえる。

大きく崩しいて混乱したら少し戻ればよい。ベースキャンプがしっかりしていれば安心して冒険できる。

1 版面率を決める

紙面に対し、本文の入るスペースを版面といい、天地左右に文字が入らない余白を残す。こういった、何でもないような約束事が実は極めて大切。

2 本文の大きさ、字詰め、行間を決める

レイアウトの構造は、この本文組みの基準線によってできている。

3 キャッチフレーズ、見出しの大きさを決める

先に決めた本文の基準線にとらわれず、コンセプトによって大きくしたり、小さくしたりする。

レイアウトで3つの
ポイントををチェックする

3ポイントを仮決めしたら、実際に近いレイアウトサンプルをつくり、コンセプト通りのイメージが表れるかをチェックする。文字は他社や自社の気に入って保存しておいたチラシをコピーして貼り、写真もイメージに近い写真をコピーして組み合わせる。

●版面率（はんめんりつ）

例えば、手元にある単行本と新書判の本を見比べてみよう。単行本に比べ、新書判が落ち着いた印象があるのは、版面率を下げて、余白を多くしているからだ。

●本文（ほんもん）

新聞などの記事の文字を本文（ほんもん）という。小さな文字だが、これが全体の基礎単位になる。1行に何文字入れるか（字詰め）、行と行の間をどのくらいあけるか（行間）、段と段の間をどれくらいあけるか（段間）を決める。

●キャッチコピー

大きなキャッチフレーズにするほど元気なイメージが表れ、小さく控えめにすると上品で緻密なイメージになる。

1. 版面を決める
天地左右

ワク線は淡い青でプリントする
3要素が固まったら、その仮枠を淡い青で表す。ここに刷られた本文や枠線はあくまで仮線であり、自由に崩してよい。そのため、はっきりした色で刷らず、自由に指定できるように淡い色がよい

レイアウト用紙に忠実 ⟨••••••••••••••••••••••••••⟩ 大きくレイアウトを崩す

レイアウト用紙があるとレイアウト作業がスムーズにいく

文字や写真はレイアウト用紙に引かれた基準線にそって配置するのが基本。完全に基準線（枠組み線）に沿うとグリッド（格子型）がはっきりとし、整然とした印象になる。

グリッドに縛られずに表現すると自由でのびのびしたイメージが表れる。この場合も基準線があるので、作業自体は安定して進められる。

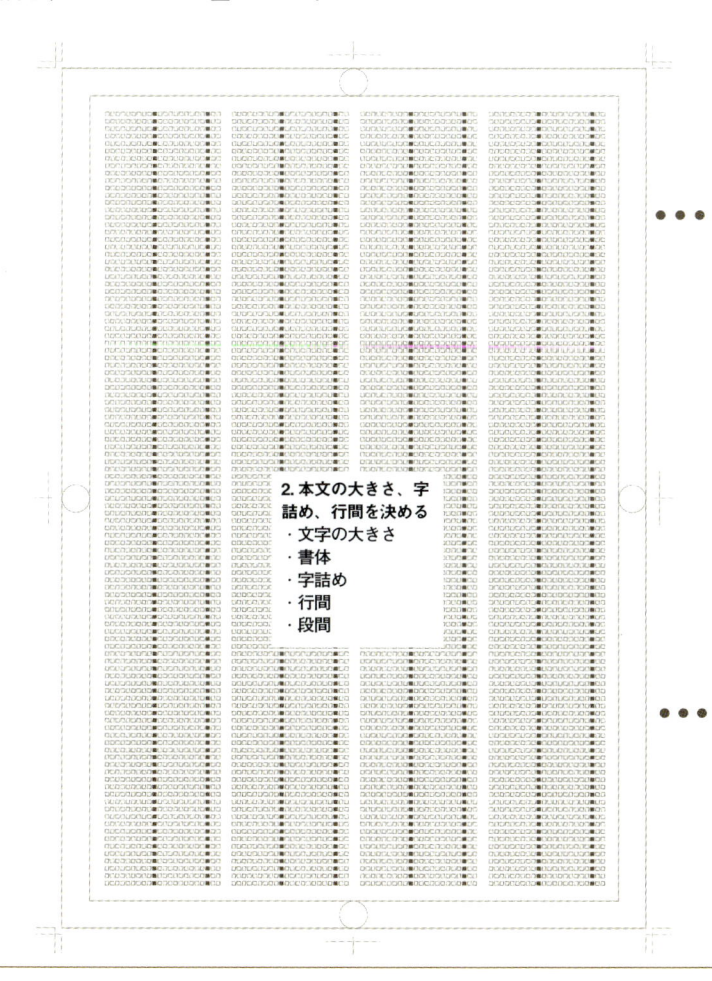

2.本文の大きさ、字詰め、行間を決める
・文字の大きさ
・書体
・字詰め
・行間
・段間

レイアウト用紙

レイアウト用紙を入稿する

印刷所への入稿

レイアウトとは、印刷工程への指示書だ。そこには文字原稿や写真、図版などすべての要素があり、指定が書き込まれている。これをもとに、版下をつくり、製版工程に入る。

レイアウト用紙は、カラー写真の製版工程、色面の製版、紙と製本仕上がり、印刷インキなどすべての工程が書かれた設計図だ。

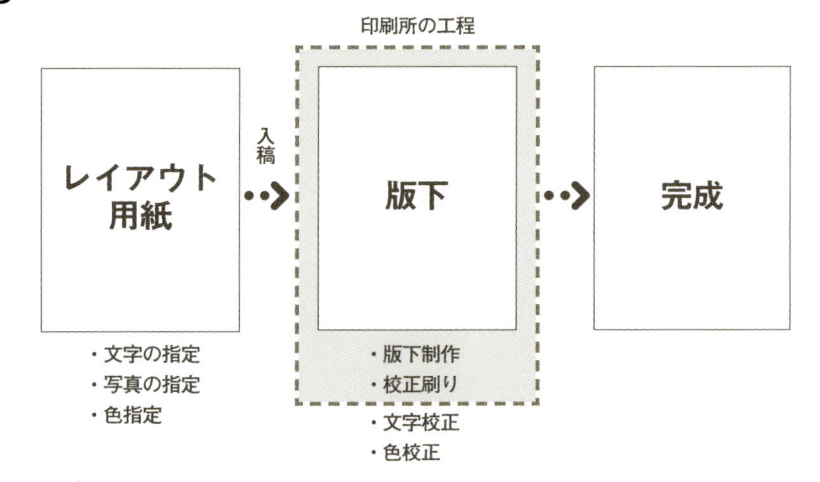

印刷所の工程

レイアウト用紙 …入稿→ 版下 …→ 完成

- 文字の指定
- 写真の指定
- 色指定

- 版下制作
- 校正刷り

- 文字校正
- 色校正

文字の指定法

原稿用紙とレイアウト用紙の両面で指定する

レイアウト用紙上での指定

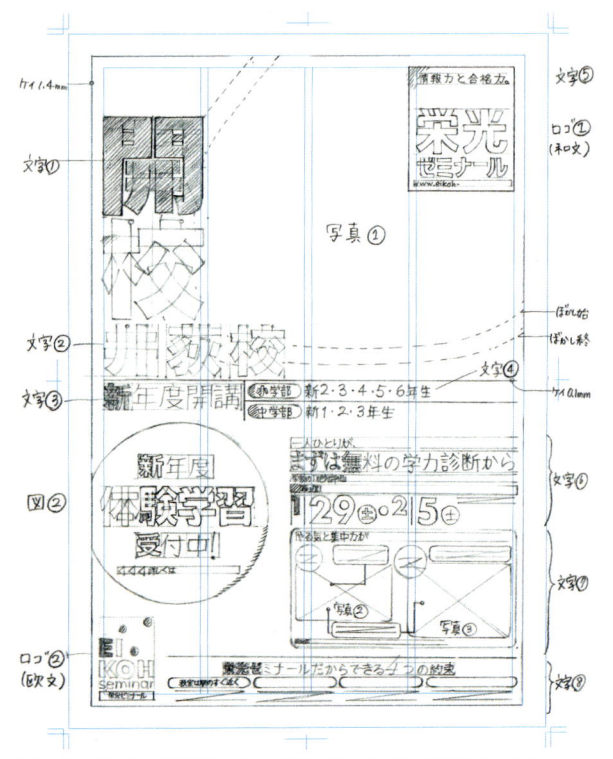

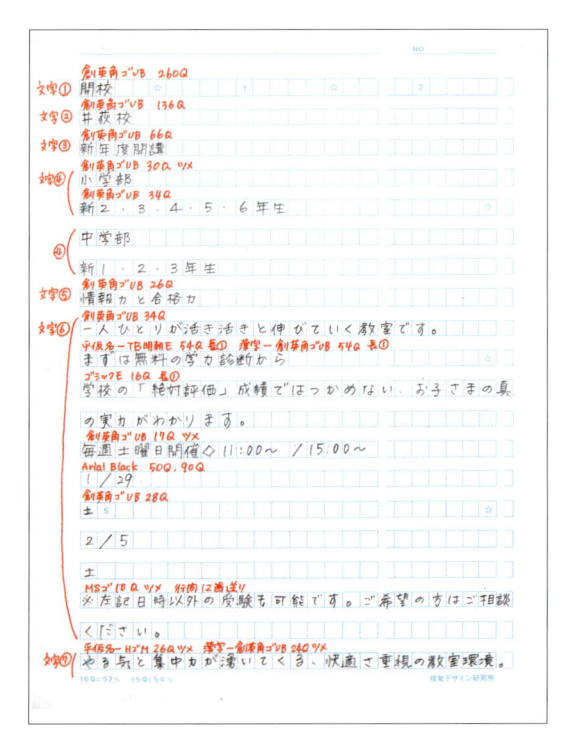

原稿用紙上での指定

タイトルなどの大きな文字は、仕上がりと同じ大きさで文字を書き入れる
本文などは最初の数文字を書き込んで、省略線でどこまで入れるかを明示する

写真の指定

写真を仕上がり寸法と同じ大きさにコピーしてレイアウト用紙に貼る。念のため天地左右の寸法も記入する。
角版（四角形の写真）は四辺の枠を描き、絵柄のどこがどの位置に入るかがわかるように写真をコピーして枠内に貼り込む。

写真にナンバーと寸法を補足する

レイアウト用紙に貼った写真の他に、同じ写真をプリントしてナンバリングすると原稿の整理がつき、原稿漏れや紛失事故がなくなる。
念のため、仕上がり寸法を記入しておくと製版工程がスムーズに進む。

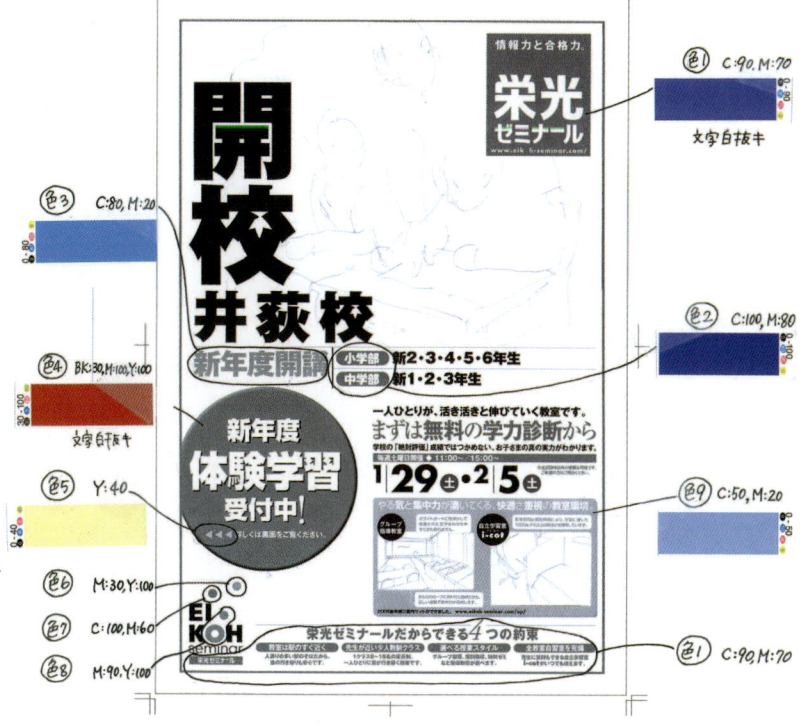

色指定

版下が完成してから、版下をコピーして指定を書き込む。
文字の色や色面の色は印刷インキの4色、BL（ブラック）、C（シアン）、M（マゼンタ）、Y（イエロー）の％を指定する。
例えば、鮮やかな赤ならば、「M100％＋Y100％」と指定する。BL、C、M、Yの％で印刷されたカラーチップ（色見本）をつけると確実だ。

キーワードで見る
チラシデザインのコンセプト

実用的な

無駄のない

文字情報の目立つ表現が実用的イメージを伝える

実用的イメージは、文字情報を生かした説明的な表現で表す。文字や写真をできるだけ多く盛り込み、余白を少なくする。余白がないほど実用感が強まる。

主な条件
- 配色は青色が主体
- ツメツメの文字情報
- レイアウトはグリッドが強い

基本レイアウト

粗削りな文字組みが実用性を表す

キャッチコピーや説明文を大きな文字ではっきり表す。タイトルを大きくしただけでは不十分で、サブタイトルや商品の説明文なども大きくはっきり表す。文字を強調すると無駄のない合理的なイメージが伝わり、実用感が強調される。一見統一感のない、粗削りな表現が実用性を表す。

白地と青の配色は実用的な表現

背景の白地は、無駄のない明快なイメージを生むので実用表現に欠かせない。背景を色面にすると情緒性が強くなる。
青は冷静、理性を暗示するので、画面の中で大きく使う。青と対比関係にある赤と組み合わせると、力強く無駄のないイメージが表れる。

レイアウトはグリッドを効かせる

写真や文字の位置はグリッド（格子）に沿って並べると整然とした印象になり、実用感が増す。グリッド状の配置を基本にして、自由な配置も組み合わせると実用性と元気さが一体となって表れる。

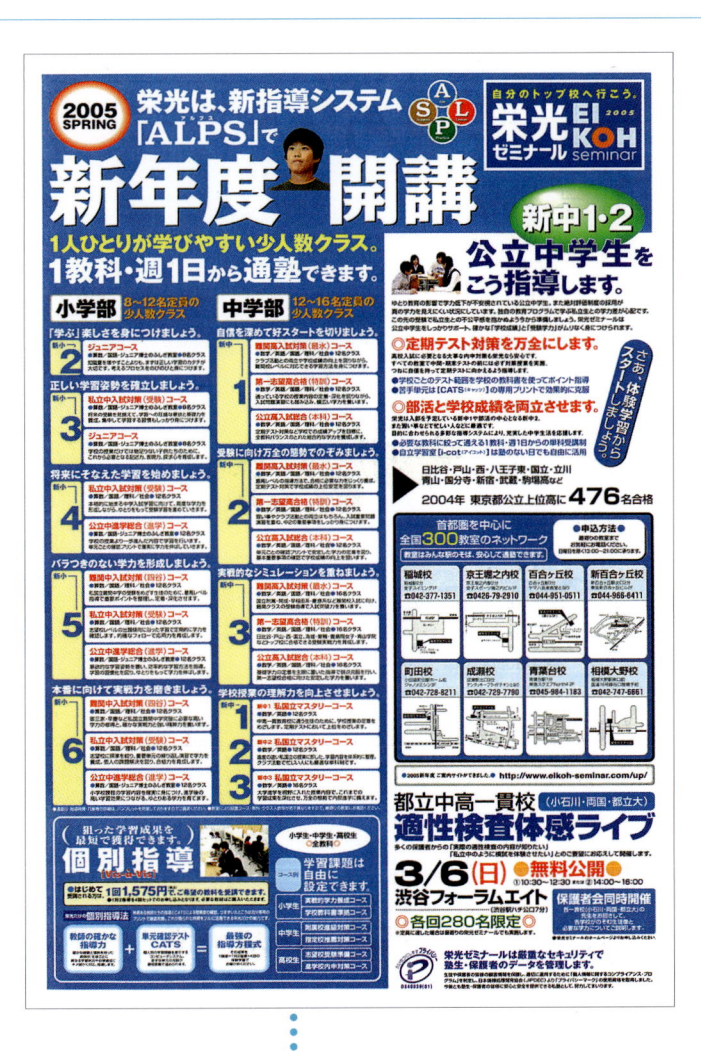

文字情報を詰め込んだ実用本位のレイアウト

タイトルだけでなく、サブタイトルなども大きな文字で表すと実質本位のイメージになる。青を主体に、その反対色の黄色を組み合わせた配色も典型的な実用表現だ。

カラフルな文字で視覚性を強める

写真のない、文字だけの紙面はまったく情緒性がなく、関係のある人の興味しかひかない。そうならないよう、大きくカラフルにした文字で視覚性を強める。

キーワードで見るチラシデザインのコンセプト

商品写真がメインの実用的な表現

文字組みを小さめにして余白を広めにすると実用性に高級感が加わる。つまり、余白を広げると高級感が加わるのだ。ここからさらに、文字情報を少なくして余白を広げると実用感は消えてしまう。

優しいトーンが女性向けを伝える

配色を淡いトーン、明るいトーンにすると女性らしい優しさが加わる。情報量は文字組みを主体にした大量の情報なので実用感が十分に表現されている。これに配色による優しさが加わって女性向け商品であることが伝わる。

説明図が実用性を表す

図面や構造図、グラフなどは実用性を表す。図を大きくはっきり表すとそれだけで実用性が暗示される。上品な表現、格調高い表現に説明図を加えると実用性が加わる。

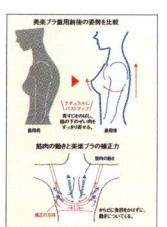

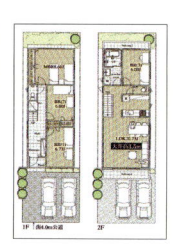

信頼できる

堅実な　真面目な

キーワードで見るチラシデザインのコンセプト

スーツ姿の人物写真が信頼感を伝える

実用的な表現にスーツ姿の人物写真が加わると、人間味を感じさせ、信頼感が生まれる。信頼、堅実、真面目のイメージは、実用性に人間味が加わったイメージだ。
人物の姿は礼儀正しいイメージのビジネス、仕事を連想させるスーツ姿がふさわしい。

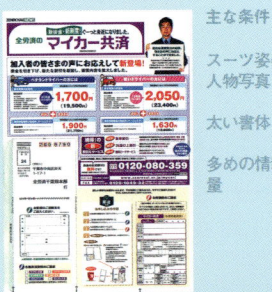

主な条件
スーツ姿の人物写真
太い書体
多めの情報量

基本レイアウト

粗削りな文字組みを主体にする

タイトルだけでなく、説明文などもかなり大きめにして目立たせる実質本位の粗削りな文字組みは、実用性重視の、信頼、堅実、真面目といったイメージの表現には欠かせない。

配色は青を効かせた実用表現

青と白の背景を残した配色が信頼感を伝える。実用表現と同じ配色だ。これに赤や黄色、オレンジをアクセントにすると生き生きした印象が強くなる。

特太書体で力強さを表す

太い書体は力強さを表し、信頼感が表れる。書体を細くすると上品さ、優しさが表れるが、力強さが失われ、頼りない印象にかわる。

濃紺のスーツ姿が信頼を表す

中央の人物写真が予備校の先生を連想させ、信頼感が自然に表れる。実用イメージ表現に適切な大きさの人物写真を添えると人間らしさが加わり信頼表現に変わる。

写真を大きく使うと、優しさとゆとりが生まれ癒し感が強まる一方で、実用的なイメージが弱まる。使用する写真は現実感のあるものにする。青を主体にした配色で実用性を保っている。

現実感のある写真が信頼を表す

小さな人物像で親近感を表す

文字中心の詰め込んだ紙面が実用感を表し、右上の小さなスーツ姿の人物像で温かな親近感を補うと同時に、堅実で真面目な印象を表す。

NG ラフな服装では信頼感は伝わらない

Good 人物
スーツ姿の程よい小ささの人物が、信頼感につながる

ユニホームや作業着も信頼感を表す

濃紺のスーツ姿でなくても、ユニホームや作業着ならば、チラシのレイアウトがどんなに派手で崩れた形でも信頼感がわく。
医師の白衣、料理人のコック帽はもちろん、スポーツ選手の派手なユニホームや農作業中の野良着も信頼感が伝わる。Tシャツ姿でもそれが教室内の生徒ならば十分に信頼感表現につながる。

Good ユニホーム姿、仕事中の姿は信頼につながる

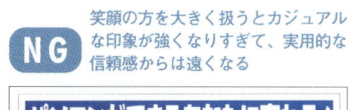

NG 笑顔の方を大きく扱うとカジュアルな印象が強くなりすぎて、実用的な信頼感からは遠くなる

55

安心な

安全な　親しみやすい

実用テイストに笑顔を
プラスして安心感を表現

情報たっぷりの紙面に人物の笑顔が加わると、気持ちの余裕が生まれ、安心のイメージになる。つまり、実用性を基調にした表現に人間的な温かさが加わると、安心、安全、親しみのテイストになる。

安心感を表現する写真

にっこり 　複数 　対話

文字による十分な情報量は必要なので、顔写真を大きくしても文字情報は減らせない。文字情報を減らすと安心の基礎になっている実用性が弱まり、役立たないイメージに流れてしまうからだ。

笑顔が安心感を表す

信頼のイメージは堅実、真面目が基調なので、笑顔は不似合いだが、安心のテイストでは、人間的な温かさを表す笑顔がよい。女性の笑顔は最も受け入れられやすく、複数の人物になれば安心感はより確実になる。また、視線を交わして対話する人物ならば、笑顔でなくても安心感が伝わる。

強い配色で
頼れる安心感を表す

暗色や純色トーンは頼りがいのある力強いイメージになる。青と赤のように強い対比色相の組み合わせは、実用本位の誠実な安心感が表せる。一方、色相の幅を広げて様々な色相を組み合わせると自由なイメージが広がる。

レイアウト様式は
グリッドをベースに

文字組みや写真の位置をグリッド（格子）にそって整然と並べると無駄のない実用感が表れる。安心の表現もレイアウトのベースは実用的なイメージなので、グリッドをまもっている。

**若い笑顔は
若者の視線をとらえる**

若い笑顔は若者の視線をとらえる一目見ただけで、このチラシが若者向けの情報だとわかる。若いモデルの自然で健康的な笑顔が、この商品のカジュアル感を表している。

笑顔で対話する様子を見ると、対話に参加しているような気持ちになる。対話形式を通して開放感が伝わり、安心できる気持ちになる。青を基調に暗色の赤を効かせた配色が誠実さを強調している。

対話は安心のスタート

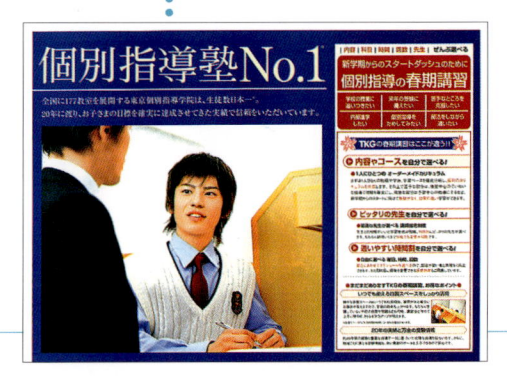

キーワードで見るチラシデザインのコンセプト

笑顔とユニホームで安心と信頼

笑顔は歓迎する気持ちを表し、見る人を安心させる。ユニホームは仕事を大切にしている姿勢を暗示する。両者を合わせると安心と信頼が、自然な形で表現できる。知名度の高いタレントを起用する場合もユニホーム着用が基本型だ。

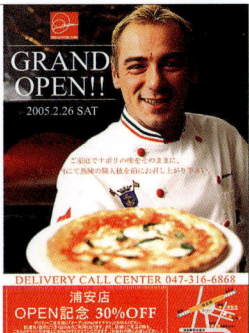

笑顔が安心の証明

笑顔で語りかけられると、難しそうな話でも少し聞いてみようか、という気分になる。データ中心の難しそうな実用情報を一般の人に読んでもらうには、優しい笑顔が不可欠だ。

緑のイメージは安全

緑は自然を連想させ、大地のエネルギーと安心をイメージさせる。画面に緑を加えると安心感が生まれる。

緑だけでも安心は表現できる

緑は安全な自然をイメージする色でもある

緑＋笑顔で安心は確かなものになる

カジュアル

キーワードで見るチラシデザインのコンセプト

気取らない（普段の）　気軽な

カジュアルテイストは明るくオープンな表現

気取らない日常的な商品にはカジュアルな表現が最適だ。商品をカジュアルに表すと堅苦しさがなく、楽しい気持ちが伝わる。情報は多くして余白がないくらいあふれさせるが、写真を主役にして文字情報は少なめにし、一目見たときに、絵柄が目に飛び込んでくるようにレイアウトする。

切り抜き写真でカジュアル感を表す

かっちりとした外枠のない切り抜き写真は、自由そのものでカジュアル感がはっきり表れる。配色や文字をどのように表現しても切り抜き版を使うだけでカジュアルなイメージが強くなる。
今まさに食べようとフォークを差し出すこの写真はカジュアルなイメージを代表する手取り感の表現だ。

カジュアルな写真の条件
切り抜き
大小差
手取り感

配色は明るく元気にカラフルに

純色のトーンは元気なイメージでカジュアルテイストによく似合う。色数を多く使うほど元気で開放的な印象がはっきり表れる。色数を少なくすると穏やかになり、高級レストランなどの落ち着きが必要な業種にはぴったり。

気ままなレイアウト様式

写真や文字をグリッド性にしばられず、自由な位置に並べると、気軽なイメージになる。バザーなどで自由気ままに買い物をしているイメージだ。文字を斜めに置いたり、不規則なマークを加えることもカジュアル感を表す。

写真があふれるとカジュアル感もあふれる

文字情報は小さめにし、写真を主役にして、グリッドを気にしない自由な配置のレイアウトにするとカジュアル感が表れる。また、大きなタイトル文字を斜めに置くことで気軽さがより強調される。

大小差のある写真は気軽なイメージ

写真の背景を切り抜いた切り抜き版は、はっきりと気軽さを表す。切り抜き写真を大小混在させると、気取らない自由気ままな印象にあふれる。

あふれる絵柄が明るいイメージ

絵柄が紙面いっぱいで、日常的な明るいイメージがあふれている。余白がほとんどないので気取った堅苦しさがない。

自由な写真配置に元気な配色が加わると楽しいイメージが表れ、体験したくなる。鮮やかなトーンと多数の色数が元気さと自由さを表す。

鮮やかな配色が元気・陽気さを表す

手取り感のある写真で親近感がわく

レストランの入口に、メニューの見本が並んだショーケースがあれば気軽に入れる。それと同じように、盛り付けた食材や切り口を見せた果物の写真は、手取り感があって効果的だ。

果物の切り口を見せて盛り付けた商品がGOOD。文字を読まなくても、親近感が生まれて、情報がストレートに伝わる **Good**

NG 小さな角版写真を均一に並べても、親しみが持てない

にぎやかな

楽しい　ポップな

多くの商品を散りばめるとにぎやかに

明るく軽快なにぎやかさは、カジュアルを少しだけ上品にしたテイストだ。
切り抜き写真は大小差をあまりつけず、緻密な文字組みと白地の背景で上品さを加える。

主な条件
白地　切り抜き　緻密な文字組み

基本レイアウト

大小差のない切り抜き写真を自由に配置

垂直・水平を気にせず、紙面を切り抜き写真で埋めつくす。切り抜き写真は、開放的で楽しくポップな気分を表す。カジュアルに比べると写真の大小差は控えめで、点数は多くする。

白地の背景を生かす

背景を鮮やかな色面にしないで白地を保つと、情緒に流されすぎない静かな印象になる。白地のおかげで、上品さとポップな楽しさがうまく共存する。

文字は緻密組みで上品さを表す

説明文や見出しの文字を小さくして、文字群をつくるのが緻密組み。書体を小さくすると上品な印象になる。反対に、文字を大きく組み合わせると実用的な印象になる。写真のにぎやかさを際立たせるためには緻密組みにする。

配色は明るくカラフルに

明るいトーンと色数の多さが加わると活気が表れて、にぎやかなイメージを盛り上げる。渋いトーン、暗いトーンを多くすると軽快さが消えて、にぎやかな楽しさがなくなる。

楽しさあふれるにぎやかさ

余白がほとんどないくらい切り抜き写真があふれている。動きのあるポーズをとったような写真が服を着たときの楽しいイメージをふくらませている。小さな文字を主体にした緻密な文字組みで上品さが保たれ心地よく、騒々しくない。

斜め置きを減らすと上品に変わる

斜め方向に置くのを控え、水平、垂直方向に並べた。切り抜き写真を主体にしているので自由さはそのままだが、印象はにぎやかから、少し静かで上品な印象にかわった。

▶ P.68 上品な●参照

KICHIJOJI PARCO
Early Xmas Styling

2004.11.19

イヴまでノンストップ！12月を盛りあげるアイテムを総チェック

1. 帽子屋 コモド〔#〕TEL 0422-70-3299　ソフト帽￥18,900
2. 4℃〔F〕TEL 0422-20-4444　K19WGレディサシングK18WGダイヤネックレス各￥44,100
3. フレディ〔F〕TEL 0422-38-7102　ファーブーツ￥29,400
4. ウ・メーム〔F〕TEL 0422-20-5048　ワンピースコート￥13,880
5. ミニマム〔F〕TEL 0422-38-3911　ショートコート￥18,800
6. アーニー アーノルドパーマー〔F〕￥28,900
7. アージュ・ヴェール〔F〕TEL 0422-20-6114　ネックレス￥2,190・ブローチ￥6,300
8. ギルド ジャコモ ギャラリー オン ザ ウェーヴ〔F〕TEL 0422-28-1900　クロコ短ブーツ￥60,900
9. サマンサベガ〔F〕TEL 0422-23-9195　バッグ￥15,540
10. ル・ブラン〔F〕TEL 0422-28-7523　カーディガン￥58,800
11. ルゥフレール／ツモリチサトスリープ〔F〕TEL 0422-27-3301　Naumori chisato sleep／パジャマ￥13,545・シャーブ￥2,625
12. ピュー〔F〕TEL 0422-21-4705　フォージ付パンプス￥7,245
13. ムッシュニコル〔F〕TEL 0422-29-2166　ブルゾン￥91,350
14. ポーカーフェイス〔#〕TEL 0422-30-6705　OLIVER PEOPLES「古」￥25,200／JAPONISM「古」￥26,250
15. メンズビギ〔F〕TEL 0422-21-9199　マフラー各￥6,195
16. ツインズアコースティック〔F〕TEL 0422-23-8105　プリントシャツ￥15,290
17. ポイコット〔F〕TEL 0421-38-8003　シューズ￥19,950

星形パターンの繰返しで、さらににぎやかに
左図に比べタイトル文字が大きく、絵柄もひと回り大ぶりなので、その分だけにぎやかなイメージになった。

明るいトーンの配色でにぎやかさを表す
明るいトーン、色数の多い色相がウキウキとした楽しい気分を盛り上げる。写真の配置や文字組みが完全でも、配色を間違うと活気のある楽しさが表れない。

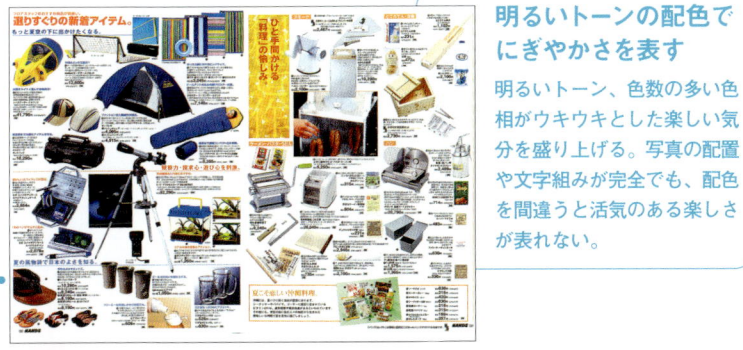

Good 紙面のあちこちに散りばめられた鮮やかな色が、楽しい気持ちにさせる

NG 渋く、暗いトーンにすると、にぎやかな楽しさがなくなる

角版写真を入れると落ち着きがでる
要所要所に角版を添えると紙面全体に引き締まった落ち着きがでる。切り抜き版の自由さと角版の落ち着きによって、紙面に落ち着きのある楽しさが表れた。

→ P.74 落ち着いた●参照

自由な

自分らしい　のびのびした

キーワードで見るチラシデザインのコンセプト

自由な形を自由に配置する
自由さは、のびのびとした開放感であり、カジュアルなテイストの一種で表現の幅が広い。グリッド（格子）やシンメトリー型にしばられて写真や文字をレイアウトすると自由さが表れない。グリッドやシンメトリーを無視して自由な位置に置くとのびのびとした自由さが表れる。

情報量を多くすると元気な自由さが表れる
絵柄を大きくして鮮やかな色面を強調すると元気あふれる自由なイメージが表れる。余白を多くしたり、図や文字の大きさを小さめにすると自由でかつ優しく上品なイメージが表れ、癒し感が表れる。

配色は明るいトーンと全色相型の色相で
明色や純色は、こだわりや表裏のない自由さを表す。一方、渋いトーンや暗色はこだわり感や厳しさを表し、拘束性が強い。色相もすべての色相を網羅する全色相型にするほど自由さが強まり、同系色に近づけると穏やかになり、趣味性が強まる。

全色相を組み合わせた配色　　同系色を組み合わせた配色

落書きを連想させる手描き文字
紙面の一部に手描きのタッチを添えるだけで、のびのびとした温かさが伝わる。手描き文字やイラストは、好きなように気ままに描く落書きを連想させ、気軽な自由さを表すためだ。

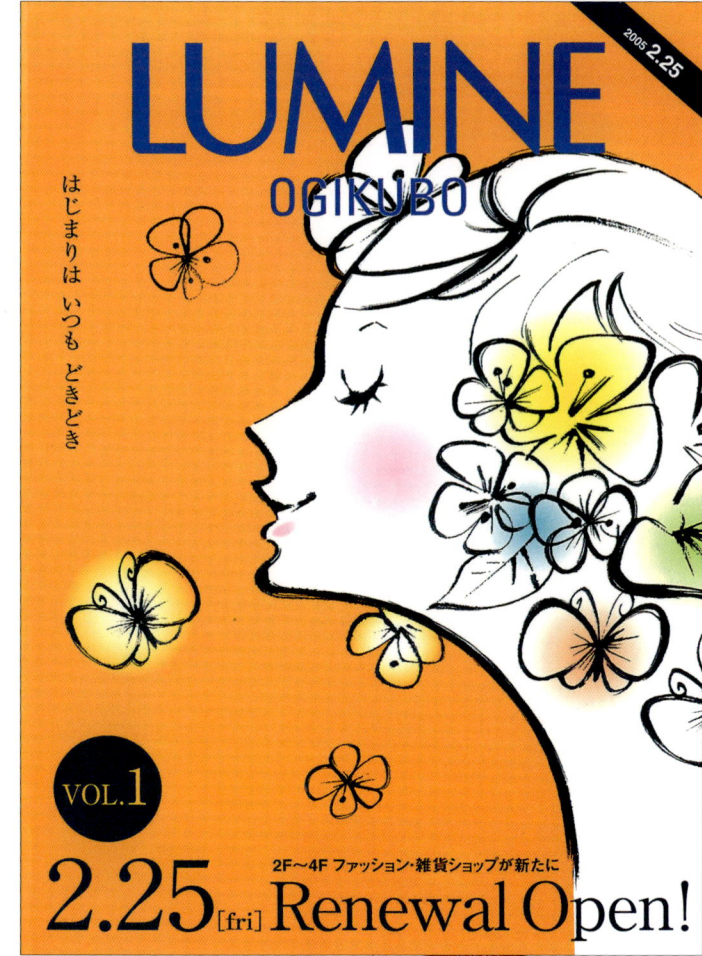

はじまりは いつも どきどき

LUMINE OGIKUBO　2005.2.25

VOL.1

2F～4F ファッション・雑貨ショップが新たに

2.25[fri] Renewal Open!

手描きイラストがのびのびしたイメージを表す
手描きの文字やイラストはそれだけでのびのびした自由さが表れる。何にも拘束されないタッチで自分らしい空間が表現できる。

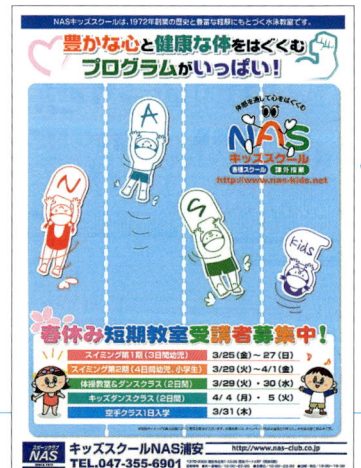

表紙をめくるとさらに自由なページが現れる

明るいトーンの配色が素直さを表す
自由なイメージを表す配色は明るいトーン。かげりのない素直でのびやかなイメージが表れる。暗いトーン、渋いトーンは厳しさやこだわりを表す。

鮮やかな色面と大きな文字で元気をアピール

鮮やかな色面と大きな文字を強調すると力強さが加わり、元気いっぱいのイメージになる。左ページの都会的で上品な自由さに対し活気あふれる自由なイメージになる。

描き文字が気ままなイメージ

いたずら書きを連想させる手描き文字は、この車に乗ったときの自由な気分をはっきりと伝える。細身の手描き文字には少し気取ったような繊細なイメージがあり、淡いトーンの配色で爽やかな優しさが加わる。

写真のコンテンツで自由を表す

レイアウトの配色を自由な表現にしても、使う写真が堅いイメージだと自由さが表れずアンバランスで奇妙な印象になってしまう。自由な時間を楽しむような写真にすると、表現と内容が一致する。

NG ビルや人工物の写真では冷たいイメージが強くなり、自由な雰囲気にはならない

Good

元気な

活気ある

キーワードで見るチラシデザインのコンセプト

力強い色と力強いキャッチコピーで伝える

配色や形の大小対比を強めるなど、はっきりとした表現をとると力強く元気なイメージが生まれる。この元気さと実用感を組み合わせると力強く、かつ、役立つイメージが表れる。

主な条件
- 紙面いっぱいの色面
- 特太書体
- 大きな絵柄

基本レイアウト

鮮やかな大色面が元気を生む

暖色の色面を大きくするほど元気なイメージが大きくなる。特に、純色トーンの鮮やかな赤が最も強力に元気さを表す。赤は暖色の中でも最も中心になる色で、最大のエネルギーを暗示する。

白地とオレンジのコントラストがポイント

鮮やかなオレンジを元気に変えるカギは白だ。オレンジのそばに白を添えると、オレンジがより鮮やかに見える。白ではなく他の色にかえると、くどくなりすぎて、元気ではなく、騒々しいイメージになってしまう。

特大文字と大きな絵柄でアピール

キャッチフレーズや絵柄はできるだけ大きいほど積極性と元気さが表れる。余白を多くして文字を小さくすると上品になり、積極性が弱まり、元気さが控えめになる。

特大文字と鮮やかな色面が自信と信頼を生む

特大の文字と鮮やかなオレンジ色で元気あふれる紙面は、引っ越し屋さんに望まれる力強さと頼りになる印象を表している。
特大の文字は力強く目立つだけでなく、その情報に自信があることを暗示させる効果がある。

クリスマス色で特別な季節感を盛り上げる

赤と緑の組み合わせは、それだけでクリスマスを連想させる。黄色の暗色の黄金色を加えると穏やかな対比関係が加わった。

類似色のオレンジに赤の元気さをなじませる

背景の真っ赤を、赤の類似色のオレンジで穏やかになじませる。類似色を組み合わせた効果で、赤のもつ元気さはそのままにしながら、落ち着きも生まれた。

価格をはっきりと引き立てる

背景色は淡いピンクにして、スイーツの甘さ、優しさを表し、赤と白地を対比させた特大文字の105円で元気さを強調する。
全体を類似色の配色でまとめて、食品らしい穏やかな落ち着きを表し、中央に強いコントラストをつくることで活気を生んでいる。

鮮やかな赤と白のコントラストによって元気が出て、勇気づけられる。さらに、少量の緑や青、黄が添えられ、全色相型の配色で積極的な気持ちにさせる。

赤と白のコントラストで自信が出せる

文字の大きさを変えて元気と誠実のバランス

赤をメインにした配色でも、文字の大きさをかえると、元気ではりきっているイメージから高級で落ち着いたイメージにかわる。
大きな白抜きの文字は健康的な明るさを表す。一方、緻密な文字組みにすると格調高い落ち着いたイメージになる。

迫力ある

ダイナミック　スピード感

高コントラストが迫力を生む

迫力は、配色や形の激しいコントラストで表す。迫力は感情、情念を表すので整然とした文字組は似合わない。拘束を感じさせない自由な配置が大きなエネルギーを暗示させる。文字や絵柄を整然と並べると理性的なイメージが強くなり、迫力がなくなる。

基本レイアウト
主な条件
視覚化したタイトル
コントラストの強い配色
あらゆる情報

鮮やかなトーンと暗色のコントラスト

鮮やかな赤や黄色、青と暗色を組み合わせると激しいコントラストが生まれる。背景を強い色で埋めつくすと、内に閉じ込められたエネルギーが外に向かって迫力となって表れる。白地を残すほど理性的な印象になり迫力が弱まる。

あふれる大きな絵柄と大きなタイトル文字

タイトルや絵柄を大きくデフォルメし強調すると、迫力が増していく。余白がまったくなくなるくらいの絵柄と文字で紙面を埋めつくすと、凝縮されたエネルギーが爆発したような迫力となって表れる。

文字は視覚化する

絵柄は情感を表し、整った文字組みは理性を表す。
文字を強調するときには文字に陰影をつけて立体化し、視覚化すると情緒性がでて迫力を表す。文字の配列を斜めにしたり、遠近感を強調しても迫力が生まれる。

文字と立体化して視覚化する

大きくデフォルメして立体化した文字は絵柄と同じ情感を表す要素になる。激しい配色と組み合わせ、紙面からあふれるように配置してパチンコ店の大音響を表現している。

特大の立体文字と遠近感表現

立体化した特大の文字をどっしりと中心におき、下辺の人物群と対比させて遠近感を強調することで、迫力とドラマチックなイメージが表れる。

大きなタイトルを斜めに置くと、激しい配色と呼応して神秘的でエネルギッシュな情熱の世界が表れる。

タイトルを斜めに置く

キーワードで見るチラシデザインのコンセプト

鮮やかなトーンと暗色で埋めつくす

赤、黄、青の鮮やかなトーンと黒地のバックで全面が埋めつくされると内に閉じ込められたエネルギーが、迫力となって外に向けられる。

パースを強調して遠近感を表す

車に近づき、下から見上げて撮影するとパースペクティブが強調された日常では得られない視点になる。デフォルメした車を中心に大きく配置して、周辺部も絵柄で埋めつくすと、左ページのパチンコ店と共通した非日常の迫力が生まれる。
一方、色数を絞り込んだ配色で、車にふさわしいクリアさを表す。

色数を抑えるとこだわりが表せる

絵柄のパースを強調して斜め方向のダイナミックな配置にすると迫力のある画面になる。一方、配色と文字組みを十分に抑え、背景も絵柄を埋めつくさずに、ゆとり感を表すと高級なテイストにかわる。高級車らしい静かで落ち着いた迫力が生まれる。

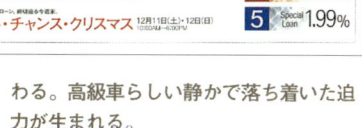

迫力もあるが、それよりこだわりの高級感のイメージが強い

➡ P.78 こだわりの ● 参照

上品な

優雅な（エレガント）　繊細な

穏やかで優しい表現で上品になる

穏やかで優しい配色からは、上品で優雅なイメージが表れる。反対に粗野で荒々しい配色や形を増やすと騒々しく下品になる。上品な配色は、実用性と組み合わせると上品な実用感となり、格調や伝統感と組み合わせると上品で格調高いテイストになる。つまり、どんな表現と組み合わせても効果がある幅の広いテイストだ。

基本レイアウト

主な条件
- 控えめな情報量
- 淡いトーン
- 緻密な文字組み

緻密な文字組みが上品さを表す

キャッチフレーズや説明文を小さく、細めの文字にした緻密な文字組みにすると、上品、繊細といったイメージが表れる。反対に特太の大きな文字を多くするほど力強い印象になり、上品さがなくなる。

淡色を主体にする

淡いトーンを主体に配色すると上品な優しさが表れる。明色のトーン、淡濁色のトーンは静かな穏やかさを表す。純色や暗色は元気さ、厳しさといった強い主張を表すので控えめにする。

レイアウトの様式は自由

上品のイメージは幅広く、どんなレイアウト様式にも似合う。切り抜き写真を多用したレイアウトと上品さを組み合わせるとカジュアルで優しいイメージになり、情報量の多いレイアウトと組み合わせると落ち着きのある役立つイメージが生まれる。逆にいうと、上品なだけではチラシとしてのインパクトに欠ける。

淡濁トーンのグラデーションは落ち着いた上品さ

グラデーション（濃淡）には全体を優しくなじませる効果がある。背景を淡濁色のグラデーションにすると上品で落ち着いた感じになる。

淡いトーンと余白のある文字組み

文字情報が多いのに騒がしくならず上品なイメージがでている。淡いトーン中心の配色、文字組みも小さな文字を多くして余白を広くとっている効果だ。

余白があればあるほど上品に

文字や写真の点数を少なくして、余白を多くするほど静かで上品な印象になる。

鮮やかなトーンは最小限に抑える

画面の所々に鮮やかな色面を置いて元気さを表している。しかし、その面積は最小限に抑えられているので、上品さが保たれ、生き生きした優しさとなっている。

緻密な文字組みが上品さを生む

文字情報も写真の点数もかなり盛り込まれているのに、上品な印象を与える。それは、文字組みを小さな文字主体の、静かで緻密な組み方にしているためだ。

白地を生かして上品さを保つ

白地を生かして、緻密な文字組みにすると、大情報を盛り込んでも騒がしくならず、上品さも保たれる。
余白がほとんどないくらいにツメツメに写真や文字を押し込んでもスーパーの安売りのイメージにならず、格調あるイメージが生まれている。

Good 白地と緻密な文字組みが上品さを表す

NG 鮮やかな色面を多くすると、激安店のイメージにかわる

華やかな

派手な 美しい 憧れの

上品に、華のような核をプラスする

上品、おしゃれ、都会的、華やかというイメージはどれも似ている。その中で華やかさを表すには、中心となる核がある表現、周りが引き立てるような、まさに華のある表現だ。

基本レイアウト

主な条件
- 中心核がはっきり
- 文字は緻密組み
- 写真主体

写真を主体にして文字は控えめ

メイン写真を大きくし、さらに、小さな写真を画面いっぱいに展開させると情緒性あふれる華やかな印象になる。文字を主体にレイアウトすると説明的で実用性が強調されすぎ、華やかさが弱められる。

配色は開放的な全色相型と明色のトーン

配色は、すべての色相を網羅する全色相型にすると活気のあるイメージになる。そして、トーンは鮮やかな純色や明色を主体にすると華やかになる。

様々な色相を組み合わせると開放的

純色や明色が華やかさを表す

中心をはっきりさせるレイアウト

大きなタイトル文字やメイン写真を中央に置くと、中心性がはっきりして画面全体が安定し、格調のある華やかさが生まれる。グリッド性を強めると理知的イメージが加わり、都会的な華やかさにかわる。

中央に大きな写真とタイトル文字

中心をはっきりさせると、華やかで、かつ格調のある堂々としたイメージが表れる。写真の一枚一枚が華やいだ舞台を背景に登場するかのように生き生きと見える。

切り抜き写真で華やかにカジュアル感もプラス

切り抜き版は自由さ、カジュアル感を強調する。中央のメイン写真以外の写真をすべて切り抜きにすると、華やかさに身近で気軽な印象も加わる。

キーワードで見るチラシデザインのコンセプト

70

**ぼかし版が癒し感の
ある華やかさを表す**

整然とした少し堅苦しい印象のレイアウトが、写真の輪郭をぼかすぼかし版で堅苦しさが弱められ、穏やかで優しい印象になる。
癒し感のある主役のケーキがぼかし版で控えめなので華やかでも上品に近い。

**淡いトーンが優しい
華やかさを盛り上げる**

写真のあふれる画面を、淡いトーンを中心に配色すると優しくかつ華やかな印象になり、見る人を優しい気持ちにさせる。

**重厚な配色にすると
豪華に変わる**

華やかさと豪華さとは紙一重の関係だ。他の要素はそのままで、基調色を暗色のトーンにするだけで、豪華さに変身する。
写真を大きく配置した華やかな画面の背景を黒にするだけで豪華さに一変する。

➡ **P.78 こだわりの●参照**

キーワードで見るチラシデザインのコンセプト

豪華な

重厚な　派手な

強い色と大きな写真で豪華な表現

豪華なイメージは、華やかさに神秘的でパワフルな表現が加わったときに表れる。画面いっぱいに広がる大きな絵柄と暗色を中心とした鮮やかな配色が重なったときに豪華さが表れる。

主な条件
メインは大きな写真
暗色の色使い

基本レイアウト

メインの写真はあくまでも大きく

メインの写真をできるだけ大きくし、その他の写真も余白を感じさせないくらいに多数盛り込むと活気が生まれパワフルで豪華絢爛なイメージが表現できる。

配色は暗いトーンを基調にする

配色は鮮やかな少し暗めのトーンが神秘さと力強さの両方を表す。特に、黒を効かせると、非日常的なイメージ、神秘性が強調され、豪華さが際立つ。
基調のトーンを暗色中心にすると重厚感が表れ、金や赤、緑などの鮮やかなトーンを多くすると派手なイメージが表れる。

背景を白地にすると明快な印象になり、パワフルな神秘性がなくなる

積極性やパワフルを表す赤やオレンジを増やすと豪華なイメージがより強くなる

濃い背景色で豪華さを暗示する

背景色を暗色の青にすると、毛皮の黄金色が引き立つ。反対色は、組み合わせた色を生き生きと見せる効果があり、華やかさが際立つ。

金屏風は豪華の象徴

金屏風を背景にすると日常生活ではない、特別なときが表れる。金色は黄色の暗色で、高価な金のイメージとも重なり、華やかさと豪華さが強調される。背景の一部や絵柄の一部に金色を連想させる色を用いると豪華さがはっきり表れる。

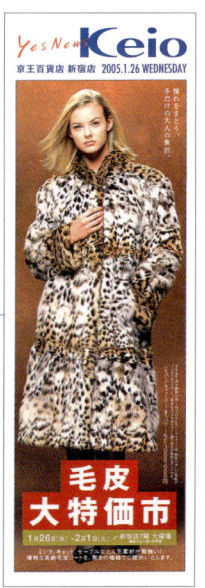

反対色の藍色が豪華さを表す

下図に比べると右図の特徴は反対色の青（藍色）が加わっていることだ。反対色が添えられると華やかで豪華なイメージが表れる。

同系色は穏やかな豪華さを表す

類似色相だけで画面を構成すると穏やかなイメージになる。暗色と明るい色とのコントラストを効かせても全体的に穏やかな印象のある豪華さになる。

暗色を対比させて豪華さを表す

暗色と鮮やかな色の組み合せは、豪華さを表す。赤と緑、赤と青などを組み合わせると色相対比も加わって、よりゴージャスな印象になる。

赤をベースに黒、緑を効かせて豪華

黒とビビッドな赤の対比がゴージャス

73

落ち着いた

控えめな　穏やかな

配色と形のどちらかで落ち着かせる

落ち着いた印象は形と配色のどちらか一方だけで表せる。活気のある形でも落ち着きのある配色にすれば落ち着いたイメージが表れる。

主な条件
- 角版写真
- 緻密な文字組み
- 渋いトーンの配色

基本レイアウト

角版が落ち着きを表す

切り抜き版は外形が不定形で変化があるので、生き生きしたイメージを生む。反対に、四辺形の角版は落ち着きをつくる。要所要所に角版を置くと、紙面が落ち着いて穏やかな印象になる。

配色は渋いトーンと同系色

渋いトーンと類似色を組み合わせると、どんなに騒がしい形でも、穏やかな落ち着きが生まれる。背景の一部や全面を淡く詰めのグラデーション（濃淡）でカバーするだけでも落ち着き感が生まれる。

書体は特太の明朝体

書体は太い明朝体が落ち着きを表す。明朝体は筆書きの楷書体をベースにして水平垂直線を主体にして整理、完成した書体で、歴史の深さも感じさせる。特太にすると力強く安定するので、落ち着きが強調される。アルファベットの書体も明朝体と同じ印象のローマン体が落ち着きを表す。書体を細くすると上品になるが落ち着きはなくなる。

北海道展

GLARSA

四隅の角版で落ち着かせる

同じ大きさの角版で画面の要所をおさえると画面全体がどっしりと安定し、落ち着きのある印象が表れる。中央にある特太明朝体の大きなタイトルが、落ち着きをより強調している。中央におかれているのでシンメトリー性が強調されて、伝統、格調のある落ち着きになっている。

同系色で落ち着きを表す

渋いトーンを多くし、暖色だけで構成しているため、多数の写真を不規則に、にぎやかに盛り込んでも落ち着いた印象が生まれている。

明るく渋いトーンで
まとめて落ち着きを表す

背景の白地をなくし、画面全体を淡濁色トーンで覆い、同系色中心の配色でまとめると力強く落ち着いたイメージが表れる。大きな角版と暗色の焦げ茶色が重厚な落ち着きを表す。

Good 明色にグレーを少し入れたトーンが、紙面全体を落ち着いたものにしている

NG 鮮やかなトーンを多くすると落ち着きが消える

背景の淡いトーンを白地にし、他の色面も鮮やかなトーンにすると活気がでて、落ち着きはなくなった。トーンを変えるだけでまったく印象が変わってしまう

情報は多くても色と
レイアウトで落ち着く

役立つ情報満載のイメージはチラシにとって最も大切なイメージだが、表現を誤ると騒々しく下品で安っぽい印象になってしまう。情報満載でも、配色を穏やかにして、緻密な文字組みにすれば、落ち着き、かつ、活気のあるイメージが生まれる。

大きな小見出しを避けて、文字組みを控えめにしているので落ち着きが表れている

情報量が多いが、同系色でまとめているので落ち着く。背景色をグラデーションにしているので癒し感が加わった

格調高い

由緒ある　トラディショナル

ゆるぎない形と色が格調を表す

格調高さは、騒がしさのない形と厳格な配色による静かで重厚な表現で生まれる。

文字組みを、静かで緻密にすると上品で格調の高いイメージが強調される。小さな文字を主体にした抑制の効いた文字組みは、静かさを表し、格調の高さの表現によく似合う。

主な条件
白ふちありの全面写真
基調色は暗色、
モノトーン
シンメトリー

基本レイアウト

一枚写真が静かな厳しさを表す

写真の点数を少なくし、大きく扱うほど高級感や落ち着きが表れる。写真の大きさを紙面いっぱいに広げて四方に白いふちどりを残すと、クリアな白いふちが情緒性を抑制し、格調高い表情をつくる。

逆に、写真点数は多いほど実用感や開放感が表れるが、背景色を同じトーンの暗色にすると、ちょうど一枚写真になったような効果になり、静かで厳格なイメージが表れる。

配色は暗色を基調にする

暗色のトーンは厳密、力強さ、重厚といった伝統や格調高いイメージを表す。暗色のトーンなしに、鮮やかなトーン、明るいトーンが中心では伝統感は表現できない。

シンメトリーを強調すると伝統感が強まる

中心がはっきりしたシンメトリー型は安定した形になり、伝統の深さを感じさせる。シンメトリーを強調するほど厳しい格調高い伝統感が強まる。シンメトリー型を崩すと、自由なイメージが表れる。

暗色トーンの一枚写真＋流し組み

暗色の背景に浮かび上がる自動車の一枚写真は、重厚で由緒正しい格調が表れている。一方、下辺の文字組みは厳格なシンメトリー型にせず、左ソロエの流し組みにして、スタイリッシュで洗練された趣味性を表している。

暗色のトーンで格調を表す

大きなタイトルや左右に分かれた文字組みはやや粗削りだが、重厚な暗色のトーンによる配色で、程よい実用性と開放感のある格調の高い印象になっている。

Good

NG 1枚1枚の写真を独立させると、騒々しい印象になる

一枚写真のようにまとめる

複数の写真を使いたいときは、背景を暗色で統一すると一枚写真のようにまとまり、格調の高いイメージが表れる。

セールのチラシでも格調は保てる

大きな赤い文字でSaleと打ち出しても一般的なチラシのもつ騒がしさはなく、重厚で格調の高い印象だ。配色や写真の扱いなど格調表現の原則が生かされている。

静かで格調高い紙面

暗色で全体を統一すると穏やかで静かな格調の高さが表れる。商品の持つ長い歴史や由緒を感じさせ、見る人を情緒豊かな落ち着きのある世界に浸らせる。トラディショナルを強調したい商品にはぴったりの表現だ。

白ふちをなくすと情緒性が広がる

白いふちどりのない裁ち落とし写真にすると、情緒性が強まる。白ふちは抑制を表し、格調のベースにある厳しさを暗示する。白ふちをとると抑制が消え、情緒が全面に広がる。

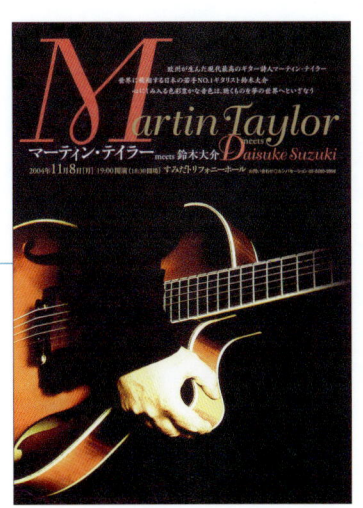

➡ P.78 こだわりの● 参照

77

こだわりの

知的な　厳選された

キーワードで見るチラシデザインのコンセプト

モノトーンの配色がこだわりの世界を表現

こだわりを表す最も強力な要素は配色だ。同じ色相で配色し、純色や明色を少なくすると、内面性の強い、こだわりが表れる。
また、一枚の裁ち落とし写真やシンメトリー型に写真をまとめた表現も、統一性が強くなり、こだわりの表現によく似合う。

主な条件

モノトーン配色

大きな一枚写真

基本レイアウト

こだわりを表す3つの配色

1. 同系色配色 
特定の色相だけを配色すると内向的、閉鎖的であると同時に落ち着きと穏やかな世界が生まれる。

2. 渋いトーン配色 
渋いトーンや暗色のトーンは翳り、奥深さといったイメージのあるこだわりを表す。これらのトーンを増やすほどこだわりのイメージは強くなる。

3. モノクローム 
色相を絞り、トーンも渋いトーンに絞り込んで突き詰めていくとモノクロ写真になる。つまりモノクロ写真にはこだわり感が最も強く表れる。

情報量を制限する

情報を制限すると抑制の効いた静かな世界になりこだわり感が表れる。文字や写真の点数を多くすればする程、こだわりがなくなる。

暗いトーンで統一し、知的なこだわりを表す

暗い背景の中から、微かに青い光と細い月が浮かぶ、幻想的な光景。色味を抑制し、情報量を抑制した結果、静かなこだわりのイメージが浮かび上がった。
目を凝らすとようやく読みとれるほどに抑制された文字や写真の図柄が、内容の深さを暗示する。

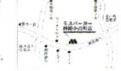

同系色で温かなこだわりを表す

陽気で開放的なのになぜかこだわりを感じさせる。それは同じ赤系だけに絞りこんでいる色相の効果だ。温かいのに厳選されたイメージが表れている。

78

RESIDENTIAL HILL

モノクロ写真で厳選された
イメージを表す

上のモノクロ写真は暖色のセピア調で、渋いトーンで統一されている。セピア色の写真を使うだけで、こだわり、歴史の深さが表れる。写真の輪郭をぼかし版にすることで穏やかなイメージが強まる。

モノクロ写真を使うだけで
こだわりが表せる

写真の色味を極端に制限すると、モノクロ写真になる。日頃からカラー写真を見慣れた私たちの目には特別な強い意図が伝わり、抑制の効いた知的なこだわり感が表れる。

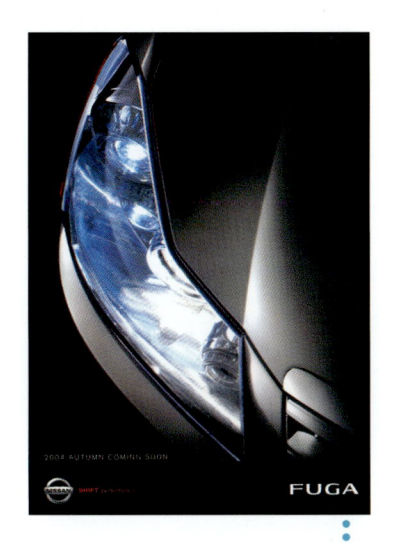

色味を絞って高級感の
あるこだわりを表す

極端に情報を抑え、背景を暗色のトーンに統一すると、高級で格調高いこだわり感が表れる。

NG カラフルな写真は元気すぎる
開放的すぎて、場違いな感じになってしまう

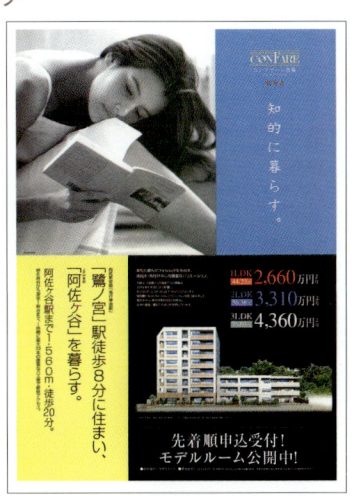

Good 文字や写真情報を控えめにした絵柄には、モノクロ写真が調和する

ゆとりある

癒される　やすらぎの

キーワードで見るチラシデザインのコンセプト

程よい情報量で
ゆとりが表現できる

実用性やビジネスに集中するわけではなく、格調や権威、幻想に浸るわけでもない、中庸さがゆとりを表す。写真や文字を増やし目立たせると元気や活気がでるが、ゆとりがなくなる。しかし、情報を少なくしすぎると格調高さや高級感が強まり、癒されるゆとりにはならない。

基本レイアウト

主な条件
程よい情報量
グラデーション
自然光の写真

自然光風の写真が
穏やかなゆとりを表す

写真や書体が自然で型にはまらない表現をとると、ゆとりが表れる。光が穏やかに自然に当たっている屋外や窓際を連想させる様子がゆとりを表す。

配色は強すぎず弱すぎず

明るく少し渋さのあるトーンを主体にして強いトーンを加えると程よく活気のある、ゆったりとしたイメージが表れる。色相は1色に絞らず、様々な色相を少しずつ加えると程よい開放感が生まれる。

文字は細みで優しく

タイトルの文字はやや細みの文字がゆとり感によく似合う。力強く太い文字を避ける。

レイアウトは自由に

シンメトリーやグリッドに拘束されないで写真や文字を自由に配置すると、やすらぎとゆとりのあるイメージが生まれる。

控えめで穏やかな
配色がゆとりを表す

自然の光が明るくふりそそぐ穏やかな光景。強い青や赤を小面積に抑えて全体のトーンを穏やかで明るい色調でカバーする配色。目立ちすぎず、少なすぎず、中庸を保つ文字情報。やすらぎにあふれる紙面だ。

コントラストが控えめで明るい自然の中にいるような穏やかなイメージの写真。グラスを傾けることで堅苦しさがなくなり、ゆったりとやすらぎのある光景になった。

写真が表すゆとり感

80

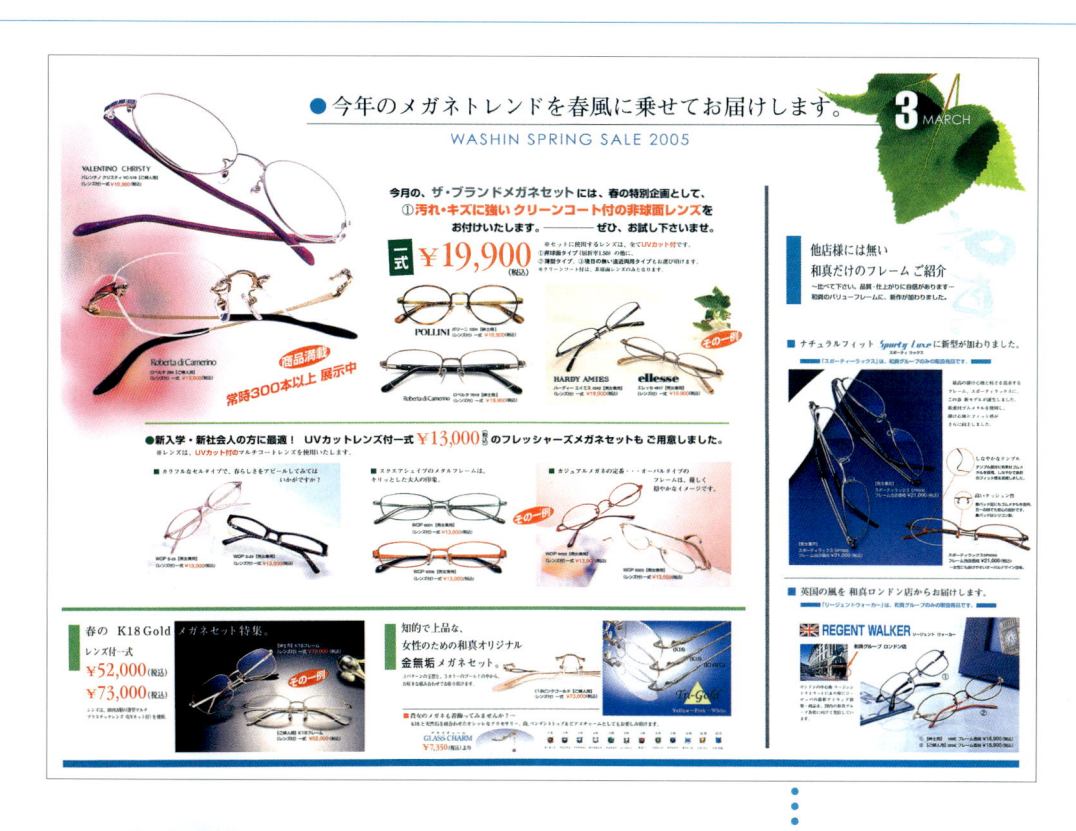

細みの書体と自由なレイアウトが癒しを表す

手描きの細みの文字がやすらぎを表す。写真と文字の位置は、シンメトリーやグリッドにしばられない自由な配置になっている。

控えめな情報量がゆとりを表す

詰め込みすぎない写真の点数で、程よく余白をあけると、上品でゆとりのあるイメージが生まれた。強くきつい赤や緑は最小面積にして、穏やかで優しい配色にする。

食材をテーマにするとゆとりから自然へとかわる

優しく穏やかな配色と程よい文字量が癒しとゆとりを表す。しかし、写真のモチーフを食材に絞ってアップで強調すると見る人の関心は食材というテーマに集中し、拘束される。拘束されることで、ゆとり感は弱まり、食材が表す自然のイメージにかわる。

➡ P.82 自然な●参照

自然な

素朴な　純粋な（ピュアな）

ゆとりに強さが加わると自然のイメージに

自然のイメージは、ゆとりのイメージに近く、配色や写真に強さが加わると自然、素朴なイメージになる。特に食材をアップにしたり、緑を効かせるとそれだけで自然を連想させる。ゆとりのイメージより配色を少し強めに、情報量も多めにすると力強さと素朴さが加わり、自然のイメージになる。

基本レイアウト　主な条件
食材のアップ
自然光
多めの文字情報

写真のアップで素材感を強める

アップの写真は素材の印象を強くし、現実感を強める。ロングショットなどで小さく見ていたときには感じなかった素材感が強くなり、自然に一歩近づいて感じる。

ライティングは自然光で

明るい光や窓際の一方からの強い光が自然を感じさせる。
また、写真の背景も人工的な切り抜き版にしない。

配色は少し強めに、しかし、目立たせすぎない

少し渋めで暗いトーンが力強く、かつ、穏やかな自然さを表す。鮮やかな色を使っても、白地とのコントラストを強調しないで、グラデーションで溶け込ませると自然さが生まれる。白地を目立たせると人工的なイメージが強まる。

緑は自然さの決め手

画面のどこかに緑を置くと、それだけで自然が暗示される。緑は自然の生命を伝え、どのトーンでも自然のエネルギーを表す。特に、渋く暗めの緑は自然の素朴さと力強さをストレートに伝える。

Good

自然光の力強い写真が自然さを表す

自然な光景は、見る人の共感を呼ぶ。人物の背景には人工的な建物や室内の様子を取り込まないで、人物が屋外の自然の中にいることを表し、アップで力強く見せている。

どアップの写真で見る人に迫る

アップは見る人との距離感を縮める。

NG

対比を強めると人工的になる
白地を多くしてコントラストを強めると人工的で、実用的な雰囲気になってしまう

キーワードで見るチラシデザインのコンセプト

背景のグラデーションが自然さを保つ

食材をアップにして、程よい強さの配色と情報量で自然さを表す。しかし、最も大切なのは背景のグラデーションだ。単純に切り抜き版にしてしまうと、カジュアルになりすぎて穏やかさがなくなり、自然のイメージが消えてしまう。

力強く静かな文字組み

大きなタイトルと小さく控えめな説明文の組み合わせが素朴で力強く、かつ静かなイメージを表す。

緑は自然を象徴する色

緑はストレートに自然を連想させる。樹木や野菜の葉の色を表し、大地のエネルギーを象徴し、野性的な活力を表す。渋く暗いトーンの緑は穏やかな重厚さを表し、暗色の少し鮮やかなトーンは力強さと格調を表す。

83

キーワードで見るチラシデザインのコンセプト

おしゃれな

センスのいい モダンな

均一な写真が理性的で、おしゃれなイメージ

軽快なリズム感のある表現がおしゃれなイメージ。リズム感は写真や文字を軽快に均一に配列することで表れる。

主な条件
均一な写真
白バック
リズム感

基本レイアウト

写真は大小差をつけずにリズミカルに展開する

写真の大きさを均一にして規則正しく配置すると、軽快な動きが生まれる。大小差をつけるとダイナミックになるが、軽快さがなくなる。不規則に並べるほど、自由が生まれる。

背景の白地を生かして明るくクリアに

背景の白地を生かすと、紙面全体が明るく軽快になる。大きな強い色面と対比させないので、泥臭さが出ない。背景に淡い色を敷いたり、グラデーションを敷くと優しく穏やかになりすぎ、軽快さがなくなる。

配色は強い色面を避けて明るく

鮮やかなトーンは、全体的に見て、強く激しく見えない程度の小面積の色面にする。色相の幅は広げた方が開放感が生まれ、おしゃれなイメージによく似合う。

文字組みは軽く緻密に

見出しの文字は、細めの書体や、文字と文字の間をあける方法などで軽快さが出せるように工夫する。タイトル以外の文字組みは軽く緻密に組むことが特に大切。小さめな文字で重くならないよう、詰め込みすぎないように組む。

写真の大きさを揃えておしゃれを表す

写真の大きさを均一に並べると、切り抜き写真でも上品な高級感が表れる。切り抜き版はカジュアルな印象になるが、均一に配置することで抑制が生まれて上品さが表れる。

表紙はこだわりを表すレイアウトで幅広いテイストを表現

NG 大小差をつけると親しみやすくなるが、おしゃれからは遠くなる
（Goodの例は基本レイアウト）

おしゃれと優しさを同時に表現

優しさは、ピンクを主調色にして全体をまとめ、緻密な文字と同パターンの写真の繰り返しでおしゃれさを出す。右のレストランと比べると、ナチュラルなおしゃれが表現できる。

均一な大きさの写真を
バランスよく散らす

切り抜き写真は開放的で気軽さを表す。大きさに大小差をつけず、均一にすると開放的になりすぎ、上品で落ち着きのあるイメージになる。写真をリズミカルに並べると、軽快さが表れ、モダンでおしゃれなイメージが強まる。

小さな文字で控えめに組んだ文字組みがおしゃれに上品なイメージをプラスする。

緻密で軽快な文字組み

極端な大小差のない写真を画面全体にリズミカルに展開して、おしゃれなイメージを表す。タイトルの文字を墨色ではなくグレーにすると重苦しくならず、紙面全体の軽快さが生きる。

タイトルを
グレーで軽快に

タイトルの文字と
文字の間を開ける

おしゃれなイメージに現実感は不要だ。商品の自動車を小さく斜め置きしたことで、現実離れした、可愛らしさが生まれた。
タイトルの文字間をあけることで全体の印象も軽快になった。

爽やかな

明るい　気持ちいい

青と白で爽やかさを表す

爽やかさは、配色によって表され、ほとんどのレイアウトによく似合う。文字中心の紙面にも、写真中心の情緒性の高い紙面にもよく似合い、それぞれを爽やかなイメージにかえる。

主な条件
青と白の配色

基本レイアウト

青の明色が爽やかさを表す

明色は裏表のない素直なイメージを表す。このトーンと冷静さを表す青が組み合わさると、それだけで爽やかさが表れる。

色相の幅をもたせると爽やかさが表れる

明色の青を基調に、緑や黄色、少量の赤やオレンジ、紫と色相の幅を広げるほど爽やかさも強くなる。

白地を残してクリアな爽やかさ

背景の白地を残すと明るい青の爽やかさがよりはっきりする。反対に背景を明るい色のグラデーションにすると、クリアなイメージが消え、爽やかさも控えめになる。

青だけれど爽やかではない

同じ青でも暗いトーンが主体になると爽やかさが消える。暗いトーンは厳しさや力強さ、こだわりを表し、明色のトーンのもつ裏表のない爽やかさとは反対のイメージを表すからだ。

全相型で爽やかさを強調

明るい青が効いて爽やかな印象が強い。しかし、よく見ると青だけでなく、赤や黄色、紅色、オレンジ色など様々な色相が使われている。このため爽やかな印象がさらに強くなっている。

青と緑のアクセントが爽やかな新生活を表す

青と緑の他に渋く明るい茶色もアクセントに添えて色相の幅を広げる。室内の色相は大人しいグレイッシュが占めて、を上品で穏やかにまとめている。

キーワードで見るチラシデザインのコンセプト

86

力強く爽やか

力強い自動車の写真と元気な家族の写真で構成されているのに上品で爽やかなイメージが強い。明るい青が画面全体を爽やかなイメージにまとめているためだ。

青空と緑を効かせた穏やかな爽やかさ

青空と観葉植物の緑が爽やかなイメージを表している。室内写真の色調が強くないので、わずかな量の青でも爽やかさが表れる。

基調色をピンクにすると優しさにかわる

ピンクは赤の明色で女性の優しさをイメージさせる。ピンクの色相を青にかえると、一転して女性的な優しさから爽やかさにかわる。爽やかさと優しさはかなり近いイメージであることがわかる。

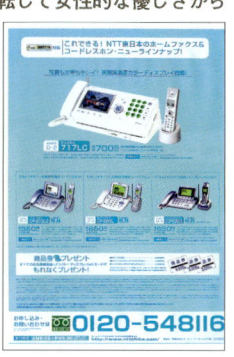

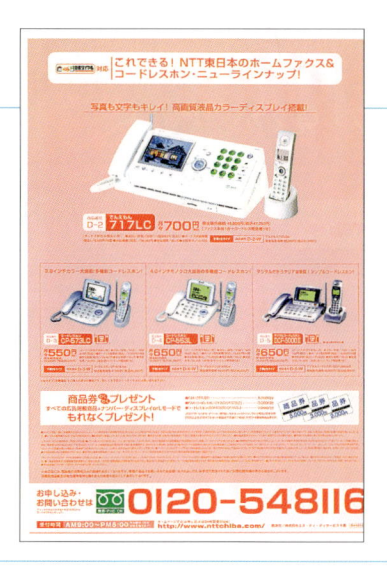

和風の

しっとりした

キーワードで見るチラシデザインのコンセプト

自然をレイアウトの中に再現すると和風に

和のイメージは自然界を再現した形を取り入れることで表現される。例えば小さな葉や花を斜めに添えると自然のイメージが表れて、和のイメージが生まれる。

主な条件
- 斜め置きの写真
- 筆文字
- 小枝を添えて自然をイメージ

基本レイアウト

自然形を斜めに添える

小さな葉や花の付いた小枝を斜めに添えるだけで和のイメージが表れる。

また、器や食材を斜めにおいただけでも和のテイストが表れる。器を左右対象に水平に並べないで、ほんの少し斜めにすると、自然界の流れが再現される。菓子の下に敷いたり、懐紙を斜めにおいただけでも和風にかわり、それが洋菓子であっても和風のイメージが添えられる。

配色は自由、渋いトーンがしっとり感を表す

ひと口に和風といっても幅広い。元気さを表すなら元気な純色を多くし、静かな優しさを表すならば明濁色トーンを多くすればよい。和風イメージと最も似合うしっとりしたイメージならば、渋いトーンの配色にする。

タイトルは大きな筆文字

筆文字のタイトルを加えると和風らしさがはっきりと表れる。肉太の勢いのある文字を添えると元気な和風が表れ、細みの楷書で表すと、上品で格調のある和風になり、丸みのある文字を添えると、穏やかで平和な和風が表現される。

水引きの結びをイメージさせる

日本の伝統的な形をイメージさせると和風のイメージが自然にわいてくる。お祝いに登場する水引きのイメージがおめでたい正月の気分を盛り上げる。

器を斜めに置くと和風が表れる

斜め置きを強調すると和風のイメージが強く表れる。器の下には自然を感じさせる葉を敷いて弁当の和を強調する。

NG

元気いっぱいの和風

鮮やかな力強い配色に肉太のタイトルが加わって、元気のよい和風が表れた。背景の青を少しだけ暗色にして落ち着かせ、主役の天丼（反対色）を引き立たせる。

あふれる和風

商品写真が画面いっぱいに、あふれるように盛り込まれた和風。斜め置きと筆文字が加わり、和風の雰囲気が盛り上がる。

渋いトーンでしっとりした和風を表す

しっとりのイメージは渋いトーンで表れる。さらに、自然界を圧縮した盆栽を添え、筆文字のタイトルを加えることで和風がはっきり表れて、しっとりした色調とよく調和する。

和風と洋風を使い分ける

同じドーナツでも並べ方で、和風にも洋風にもなる。器の下敷きを斜めに置くと和風が表れる。自然をイメージさせる緑茶が添えられるとドーナツの形が梅の花に見えてくる。右のチラシのように下敷きや斜め置きをはずすと同じドーナツが和風から洋風に戻る。

ターゲット別に見る
チラシデザインのセオリー

高級志向

本格的な　本物の

こだわりと格調、豪華さを同時に表現

高級感の表現には、こだわり、格調高い、豪華といったイメージの表現が同時に表れてくる。高級感を表す5つの要素がある。

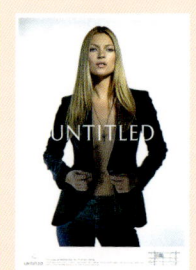

主な条件
モノトーン
無背景
一枚写真

基本レイアウト

情報量は少なく抑える

情報量が少ないほど高級感が表れる。趣味性の強いファッションや高級車にはいいが、食品のフェアなどでは開放的なイメージも求められるので、情報量は多くして、他の要素（写真、配色、文字組みなど）で高級感を表す。

角版写真は高級感を表す

大きな一枚写真は精神性の強い高級感を表し、輪郭線をぼかしたぼかし版は優しく穏やかな高級感を表す。整然としたイメージを生む角版を主体にして、カジュアル感を表す切り抜き版は控えめにする。

配色は控えめなトーンで白地を残す

暗色のトーンや渋めなトーンほど高級感を表す。鮮やかなトーンを用いる場合は、面積を少しにして白地を多くしクリアさを保つ。

緻密な文字組みで表す

緻密な文字組みにすると高級感が表れる。小見出し以外の本文やネームはできるだけ小さな文字で統一する。

価格は小さく表示

価格は、本文やネームと同じ小さなサイズで表し、商品写真と離して表示すると、クールで上品なイメージが表れる。

ターゲット別に見るチラシデザインのセオリー

一枚写真と暗色で表す高級感

極端に少ない情報量と一枚写真、暗色を背景にした配色。人物も、風景の一部分のように表す。これらすべての要素が高級感を表している。趣味性の強い高級車を求めている人の気持ちにぴったりの表現。

親しみのある高級レストラン

写真を多くのせると積極的な姿勢が表れる。一方、暗色を主体にして鮮やかな色味を抑えた配色で高級感が表れる。この二つを組み合わせると親しみと高級感のバランスがとれたレストランの表現になる。

高級感とカジュアル感のバランスをとる

自動車自体はカジュアルだが、大きな写真と暗色の背景、緻密な文字組みで高級感を表し、この商品にふさわしいバランスを取っている。
右側のスペースに小さな切り抜き写真を配して、親しみやすさを補っている。

リーズナブル

普段の

肩のこらない明るいイメージ

程よい表現を保つと日常的で自然でリーズナブルなテイストが表れる。情報量を多く、明るい配色にすることで、親しみやすく、肩のこらないイメージが生まれる。

主な条件

明るいトーンの配色

切り抜き主体の写真

基本レイアウト

情報は多く、余白は少なめに

写真や文字情報があふれていると気軽な親しみやすさが表れる。余白は少しだけつくると気持ちの余裕が表れる。

写真は切り抜き版を多く

切り抜き写真を主体にするほど、カジュアルなイメージになる。特にメイン写真に切り抜き版を使うと開放感が表れる。

文字組みは緻密に

本文の文字は小さくして、高級感表現と同じ緻密な組み方でリーズナブル感を表す。緻密な文字組みにすると、配色を派手にしても上品な開放感が保てる。

明るく鮮やかな配色で白地も残す

明るいトーンを増やすほど開放的になり、リーズナブルなイメージになる。どんなに鮮やかなトーンを多用しても白地を残して置くと一定の上品さが保たれ、騒々しい印象にならない。

価格表示は商品と重ねない

程よく品位と落ち着きを保つには、価格はやや大きめでも、商品に重ねず近くに置く。

陽気なオレンジ色で開放感を表す

身近で親しみの持たれる商品にはリーズナブルな表現がよく似合う。情報を少なめにして、鮮やかな配色と斜めに組んだキャッチフレーズで開放感のある楽しさを表す。

高級すぎず騒がしすぎず、親しみやすい表現

商品情報が満載なのに騒がしい印象がなく、身近なイメージと程よい上品さを保っている。緻密な文字組みと価格表示をひかえめにすることで、落ち着いた、自然で穏やかなイメージが表れている。

ターゲットに合わせて表現を変える

大衆的な食べ物の代表のラーメンでも、表現によってまったく違う表情になる。大情報であっても高級感表現の大半の要素を守ると高級なイメージが表れ、激安表現で表すと＜安さが命＞が強調される。明るい配色と緻密な文字組みで表すとリーズナブルなイメージが表れる。

ラーメン店　　普通のラーメン店　　激安ラーメン店

お買い得表現比較

デパート

ターゲット別に見るチラシデザインのセオリー

情報満載でも白地をつくる
高級感を強調するには情報量を少なくするのが原則だが、食品売り場に小情報では開放的イメージが消えて活気がなくなる。情報を入れつつ白地をなるべくつくって高級感を保つ。

白地を生かして同系色でまとめる
商品自体の色に変化があるので、キャッチフレーズや説明文字を同系色にまとめても内向的になりすぎず、落ち着きのある華やかさが表れる。

中見出しは控えめに
タイトルは最大の大きさでよいが、中見出しや小見出しを小さくする。大きなタイトルは活気と自信を表すので欠かせないが、中見出し類は、ある程度整理しないと紙面が雑然とした印象になる。

同系色中心の配色と緻密な文字組み
情報があふれて開放的な紙面だが、デパートにふさわしい上品な落ち着きもある。大きな面積を占める文字や帯の色を同じ赤で統一した配色で落ち着きを保ち、本文は緻密な文字組みにして上品さを保つ。

価格を小さめにして商品と離す
価格文字を中くらいの大きさにして商品とは重ねない。文字を小さくするほど高級感がでて、中くらいにすると気軽さが表れる

余白を残して、ちょっと上品なイメージ
余白を多めにして価格表示をやや小さめに抑えると、上品な落ち着きが表れる。上品で高級感のある表現を残すとデパートらしい落ち着きのあるお買い得感が表れ、激安5項目（P.96）で表すとスーパーらしい超激安のお買い得感が表れる。

スーパーマーケット

お買い得情報が あふれている

余白がほとんどないくらいに写真と文字で埋めつくされた紙面。左ページと似たデザインだが、激安感が違う。余白のまったくないツメツメの紙面と、価格文字、強い色面の配色の差でこの違いが生まれる。

強い色面で激安を表す
赤、黄、緑の強い配色のぶつかり合いが活気を表す。価格の表示を大きくして商品に重ねて激安を強調する

価格の表示だけで安さをアピールできる

プロパー ←――――――――――――――――→ 激安
価格は目立たなく表示　　価格を大きな文字にする　　商品に重ねる

大量の情報を 余白なく詰め込む

写真や文字で紙面全体を埋めつくすと情報公開度が最大になり気軽さとお買い得感が最大になる。バーゲンセールの会場のように写真を詰め込むことで激安感が表れる。

鮮やかな色面で埋める

鮮やかなトーンの赤、青、黄と色相変化をつけて、開放感を最大にする。色面もできるだけ大きくする。例えば文字を色文字にしないで、文字の背景を色面にすれば色面量がより大きくなる。黒はカジュアル感、気軽さをなくすので小さな文字だけに使う。

小見出し、中見出しを 派手に

価格文字や小見出しを大きめに派手にすると、市場を歩いているようなにぎやかさが表れ、活気が表れる。紙面の所々にアクセントをつくることにもなる。

95

お買い得表現のスケール

ターゲット別に見るチラシデザインのセオリー

5エレメンツによるお買い得表現

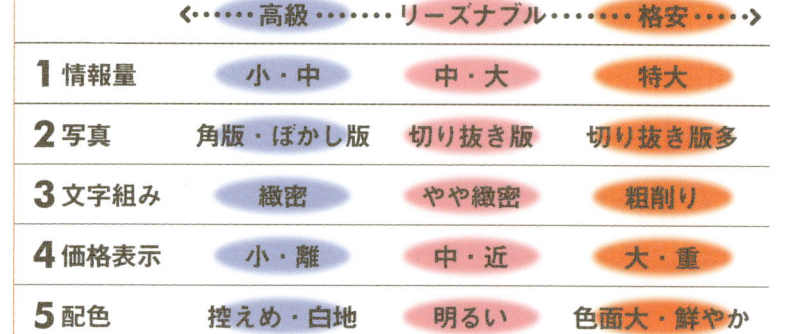

	←……高級……リーズナブル……格安……→		
1 情報量	小・中	中・大	特大
2 写真	角版・ぼかし版	切り抜き版	切り抜き版多
3 文字組み	緻密	やや緻密	粗削り
4 価格表示	小・離	中・近	大・重
5 配色	控えめ・白地	明るい	色面大・鮮やか

リーズナブル

上の5項目を完全にカバーすると最も高級なイメージが表れ、少し崩すとリーズナブルになる。まったく反対の表現をとると激安のテイストになる。

価格の表示形や配色の強弱など5項目の表現によって、高級店か激安店かの違いが表れる。

5項目のうち、最も重要なのは価格表示だ。大きく鮮やかな色で価格を表すと、他の4要素でいくら高級感を表しても激安になってしまう。

このページではそれらの表現形式を使い分けて自店にふさわしい表現をどのように採用しているのかを比べてみる。

癒し感のあるお買い得
優しいトーンの配色と価格表示を控えめにすることで激安感をやわらげて穏やかな癒しの気分を伝える。一方、ツメツメに詰め込まれた情報量が日常的で役立つ割安なイメージを表す

カジュアルなお買い得
大きく力強い文字で堅実なお買い得感を表す。コミカルな人物イラストを加えたレイアウトで親しみやすさを表す

身近なイメージと高級感のバランス
鮮やかで派手な配色と「特別価格」のキャッチフレーズが気軽で身近な印象を与える。
一方、価格表示や少ない写真点数と少ない文字情報で高級感を表す。商品写真はスーパーのような商品だけの切り抜き写真にせず、背景も含めて撮影し、高級感を高める

上品で優しいバーゲン表現
バーゲンセールとうたっているのに上品なイメージで、安っぽい印象に流れていない。これは緻密な文字組みと配色の効果だ。
価格表示を大きくしない緻密な文字組みで高級感を表し、配色は同系色のピンクに統一し少量の青と黄色で軽くアクセントをつけている

上品でお買い得な表現
Saleをうたい、価格を目立たせているのに、上品な華やかさがある。余白と優しい色調、背景つきの商品写真など高級感を表す要素の効果だ

少し大人しい激安
余白はほとんどないが、商品写真は角版で整然と並んでいる。定期的な売り出しの安定感のある表現

ストレートなお買い得感
特大文字。赤、黄、青の3原色ではっきりした配色。地色を赤にし、文字を白抜きにすることで大きくなるベタ色の色面。ストレートにお買い得をアピールしている

堅実な激安表現
水平垂直線を強調すると遊びのない堅実なイメージが強まる。一方、大きな価格表示や強く鮮やかな色面が激安を表す。グリッド性を強調することで実用品であることが表れてくる

激安

落ち着きのある激安
価格が大きく打ち出され激安感が全面に表れている。一方、配色は暗色で色相も同じ赤で統一して高級感を補っている

完全な激安表現
激安を表すための5項目のすべてをカバー。買う予定がなくても、立ち寄ってみたいと思わせる

こだわり感のある激安さ
大きく目立つ価格表示が激安をアピールし、暗色、濁色のトーンで統一した配色がこだわり感を表す

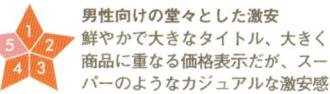

男性向けの堂々とした激安
鮮やかで大きなタイトル、大きく商品に重なる価格表示だが、スーパーのようなカジュアルな激安感はない。服の暗色のトーンと赤が対比して堂々として力強いイメージをつくっているからだ

97

男性向け

迫力ある　理知的な

力強さと理性の両面を持つ

堂々とした力強い形とレイアウト、鮮やかで強い対比の配色、特太で大きな文字が男性的イメージ。

基本レイアウト
主な条件
鮮やかなトーン
特太の文字
中心性の強いレイアウト

大きな中心核が力強さを表す

量感のある写真を紙面の中央に大きく配置すると力強さがよりはっきりと表現され男性的イメージが表れる。

特太の大きなタイトルが男性的イメージ

文字は太く大きく表すほど男性的な迫力が生まれる。特に、太さが重要で、大きな文字でも細みにするとむしろ繊細で都会的な、女性のイメージになる。

トーンは迫力のある純色と暗色の組み合わせ

純色は外に向かう強いエネルギーを表し、暗色は内面にこもる秘めたエネルギーを表す。純色と暗色を組み合わせると、激しく燃え上がるような爆発寸前の迫力あるパワーが表現される。また、黒は暗色のトーンよりさらに内向的で神秘的だ。純色と組み合わせると内側に秘めた力がより激しく表現され、男性的なパワーを表現する。

青で理性を表す

男性的な表現には迫力と理性の二面がある。理性的イメージは青を強調することで表れる。青と白、黒の組み合わせが理性的で力強い男性の性質を表す。

中央に堂々とした大きなかたまりを配置する

画面中央に大きな写真を置くと中心性が強調され、安定感のある自信にあふれた男性的なイメージが生まれる。下から見上げる角度で撮影したマンションが堂々として見える。

メカニカルは男性のもう一つの面

緻密な文字組みと緻密な図解、青と白、黒の3色を効かせたコントラストの強いシャープな形は、メカニカルで、理性的な男性の一面を表す。

表現は激しいが、内容はロマンチック

男性の激しさ、力強さを表す情報ほど、その内容はロマンチックで幻想的だ。現実的な効用を伝えるよりも精神的な遊び心を伝える内容によく似合う。理性的で緻密な表現でも、内容は趣味性の強い情報を表す。

ターゲット別に見るチラシデザインのセオリー

98

女性向け

優しい 可愛い 自然の

弱さと現実派の
両面を持つ

量感のない形は繊細な文字、淡いトーン（ピンク）などは、どれも優しいイメージを表し、女性的なイメージを伝える。

主な条件
- 淡いトーン
- 細めのタイトル
- 中心のないレイアウト

基本レイアウト

大きなかたまりを避けた
たおやかな形

どことなく頼りない形が女性的イメージを表す。中心をはっきり示さない配置とボリュームのない形の組み合わせが女性らしい。同じ建物写真でも物体を強調しない真正面からの視線で。

細みのタイトルで
繊細さを表す

タイトルの文字は細いほど女性的イメージを表す。大きな文字でも、細いだけで優しいイメージが表れる。目立たせる場合は、明るい配色を主体にして力強さが表れないように注意する。

淡く優しいトーンが中心

背景を淡いピンクのトーンにすると、それだけで女性向けの商品であることが伝わる。緑や青は男性的な理性を表すが、淡いトーンにすると女性向けの印象に変わる。

汎用商品には
淡いピンクはタブー

淡いピンクは女性向け商品であることをはっきりと伝えるので、自動車やコンタクトレンズなど男女共に使う商品では避ける。選挙ポスターで女性候補らしさを表すためにピンクを多用すると、男性は関心をなくす。

余白＋自由な配置で
しなやかさを表す

商品のマンションを画面いっぱいに広げず、左右に余白をとってボリューム感を控える。他の写真やタイトルの配置もシンメトリー型を避けて自由に配置して、しなやかさを表す。

紫と淡い青で
女性らしさを表す

理知的な役立つ情報であることを表すため、情緒性が強まりすぎないよう淡いピンクを避ける。しかし、背景に淡い青のトーンを使い、女性の優しさを暗示する。左ページのメカニカルで男性的な自動車チラシの配色と違う。

表現は甘く優しいが
内容は意外に現実的

女性向け表現の配色は優しいトーンを多用し、一見、甘く弱々しい印象を与える。しかし、情報の内容は実用的でどのような効果があるかを具体的、現実的に表す。文字や解説図を駆使して実用性を示す。

ターゲット別に見るチラシデザインのセオリー

高齢者向け

▶ゆとり●P.80
▶こだわり●P.78　ゆとり●P.80

穏やかな配色と形が高齢者に似合う

高齢者向けのイメージは、穏やかでゆったりした形と配色で表現できる。渋く穏やかなトーンで構成すると落ち着いてゆとりのあるイメージが表れる。コントラストの強い激しい配色、鮮やかな元気いっぱいの配色は避ける。

基本レイアウト
主な条件
　控えめなタイトル文字
　渋いトーン
　鮮やかな色面は小

渋いトーンを中心に配色する

渋いトーン（濁色）を主体に配色すると、穏やかで落ち着いた、高齢者にふさわしいイメージが表れる。画面に濁色を多くするほど、穏やかさが大きくなる。
明るい濁色を主体にすると、明るく優しい穏やかさが表れ、癒しのイメージが表れる。
暗めの渋い濁色を多いと重厚で格調のある穏やかなイメージが表れる。暗いトーンを使うと、明るい面との明暗対比が強まり、厳しさが表れ、格調高さがより強くなる。純色などの鮮やかな色面は若者らしさをストレートに表すので小面積に留める。

タイトルの文字は控えめに

タイトルの文字は、程よい控えめな大きさが高齢者のイメージを表す。タイトルの大きさは人の声の大小に似ている。大きな声で呼びかけると元気で開放的な気持ちが伝わるが高齢者向けにはよく似わない。静かで控えめな声量で呼びかけた方が好感を持たれる。書体も特太ゴシック体を避けて、穏やかな伝統を感じさせる明朝体や、丸ゴシック体がよく合う。

茶色の同系色でまとめ伝統と格調を表す

暗く渋いトーンの焦げ茶を基本にすると、落ち着いた伝統的なイメージが表現される。茶色の同系色でまとめているため、こだわりや趣味性がより強調されている。この画面に鮮やかな青を少量でも加えると若さが加わる。

優しく穏やかな高齢者向け配色

背景の少し渋めの明るい緑が全体の印象を優しく落ち着かせている。タイトルやキャッチフレーズの色や大きさも、控えめにして穏やかさを補っている。一方、明るい青のキャッチフレーズは、若さ、爽やかさを表し、重々しくなりすぎるのをふせいでいる。

穏やかな癒しの配色

背景の淡い黄色が全体の癒しイメージを決めている。淡い背景色によって他の色面とのコントラストが柔らかくなり、対立がなくなって、癒されるイメージが表れる。鮮やかな赤の価格文字も背景を白地にせず、類似色の明るいオレンジにしているので、穏やかな表情になっている。

若者向け

▶ 自由な ● P.62　元気な ● P.64

激しい配色、力強い
タイトルが若者を表す

動きの激しい、傾きの強調されたレイアウトと激しい配色が若者のエネルギー、自由さを表す。

激しく鮮やかな配色が
若者によく似合う

鮮やかな純色をぶつけた配色はエネルギッシュで若者らしい。画面に純色が多いほど若さが表れる。また、黒を効かせると、純色とのコントラストが高くなり、よりパワフルなイメージが増す。黒は内に秘めた強いパワーを表し、純色と組み合わせると対立が強まり、ギラギラとした不気味なエネルギーを暗示する。

主な条件

傾きのあるタイトル文字

ハイコントラストな配色

黒と純色の赤を対比

基本レイアウト

傾きのあるタイトルが
動きをつくる

タイトル文字や絵柄を傾けたり、文字の大きさに大小差をつけたり、太い罫線を傾けたり、体全体を大きく傾けた人物の動き、腕の方向を強調するなど、画面に動きをつけると、若者らしいイメージが表せる。
文字や写真などを傾けると、不安定になり激しい動きが表せ、水平、垂直方向は安定した静かさを表せる。

タイトルは思い切り
大きく目立たせる

タイトルは、不釣り合いなくらいなほど大きく目立たせ、元気いっぱいの若さが表れる。タイトルを大きくするだけでなく、鮮やかなトーンを重ねてタイトルをより強くはっきりさせると、若さがより強調される。

派手な動きで
若さと楽しさを表す

ヒーローたちの激しい動きが展開する紙面には躍動感があふれている。さらに、暗色の赤と黒を中心とした配色、そして、キャッチフレーズを白抜きの太文字にして画面全体に広げることで、若さと楽しいイメージをより強く盛り上げている。

クールだけど
エネルギッシュ

画像を1点だけにして、余白を広くとることでクールで上品なイメージを表す。配色とタイトル文字は激しい表現にして、エネルギッシュな感じを表す。
クールと激情という正反対のイメージが一体となった不思議な表現が生まれた。

トーンと色相で
元気あふれる若さを表す

鮮やかなトーンが元気さを表し、全色相型の色相が開放的な陽気さを表す。さらに、背景を、鮮やかな青や赤、オレンジの色面で埋めつくすことで情緒性がより強く表されている。

101

ターゲット別に見るチラシデザインのセオリー

ファミリー向け

暖かい　ほのぼの

暖色系の配色と
家庭の写真が必ず必要

ファミリーのイメージは穏やかで内向的な落ち着きに少しだけ開放性が加わったときに生まれる。日常的で自然な様子の人物写真と穏やかな配色が表す暖かくほのぼのとしたイメージだ。

主な条件

自然なポーズ

明るい配色

自由なレイアウト

基本レイアウト

自然な人物写真が
家族をイメージさせる

正装や作業着姿ではなく、普段着の穏やかさが、家族のほのぼのとした日常を連想させる。
少しだけ動きのあるポーズが、何気ない光景を思い起こさせる。
正面向きのポーズでは、一方の手は犬や子供とつなぐなどして動きをつくり、シンメトリー性を崩す。激しい動きは子犬や子供だけにし、人物は基本的に穏やかさを保つ。

配色は同系色＋多色相で
微かな開放感を表す

暖色を多くすると画面全体が温かくなり、家庭的なイメージが表れる。さらに、メインのトーンを明るくすると優しさが加わる。
明るい茶色のトーンをベースにして、様々な色相を少しだけ散らすと穏やかなファミリー表現が生まれる。このように同系色をベースにすると穏やかさが表れ、小面積の様々な色相を加えると少しだけ開放感が表せる。

レイアウトで
自由さを表す

レイアウトの様式は、グリッド性にとらわれない自由な配置がファミリーらしい自由さを表す。

子供はファミリー
表現の切り札

写真の中に子供を加えるだけで家族の暖かさ、穏やかさが表れる。子供の持っているキャラクターがファミリーの全要素を代表しているからだ。特に、小学生以下の子供ほど、見る人を優しい気持ちにさせ、画面に視線を誘導する。

上品でスマートな
ファミリーの印象

写真をシンプルにして文字情報を少なくした結果、上品でスマートなイメージが表れた。広い余白がおしゃれな印象をつくる。配色も穏やかな明るいトーンをメインにしてファミリーらしさを表している。

役立つ
ファミリー向け情報

役立つイメージが全面に表れている。文字や絵柄の情報が余白がないくらいにつめられているためだ。
一方、家族の写真があふれ、明るく暖かい黄色からオレンジの暖色を主体にした配色が、優しさ、穏やかさを生んでいる。役立つイメージとファミリーのイメージがうまく組み合わされている。

スタイリッシュ

クールな　都会的な

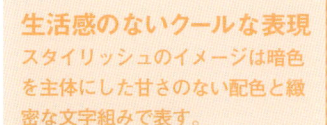

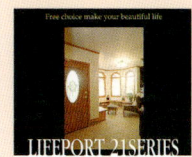

生活感のないクールな表現

スタイリッシュのイメージは暗色を主体にした甘さのない配色と緻密な文字組みで表す。

主な条件
色味を抑えた配色
水平垂直性が効いている
緻密な文字組み

基本レイアウト

配色は暗色をベースに色味を抑える

暗色主体で色味を抑えるとスタイリッシュなイメージが表れる。鮮やかな純色のトーンが主体の場合も、同じ色相で統一すると、スタイリッシュなイメージが表れる。

黒と白の組み合わせ

黒は内向的な厳しい雰囲気を感じさせる。白は明るく優しい頼りない色にも見えるが、どの色と組み合わせても全体をクリアに見せる強い影響力を持つ。黒と白という色味を最も抑えた組み合わせは、厳しさとクリアさが一体となって、最も厳粛でスタイリッシュなイメージを強調する。

ひと気のないモチーフ

クールでスタイリッシュなイメージには、ひと気を避けた建造物や風景、器物がよく似合う。写真の中に人物を添える場合、できるだけ人物の表情を見せず風景の一部に溶け込ませる。正面向きの視線は避け、さり気ないポーズで。

緻密な文字組みが格調を表す

タイトル以外の文字を極端に小さくすると緻密なイメージが表れ、スタイリッシュを表す上で欠かせない。本文や小見出しを大きくすると粗削りで開放的なイメージが強まり、スタイリッシュなイメージは消えてしまう。

興味と好奇心をうまくそそる

静かで落ち着きのあるレストランには、スタイリッシュであると同時に程よい身近さも求められる。配色は暗色を主体に白地と黒を効かせて格調高さが表れている。一方、写真の点数と文字情報を多く盛り込んで親近感を表している。クールなイメージの中にもわずかに親近感がにじみ出た表現だ。

おしゃれで落ち着いたイメージ

シンプルな写真と小さな整然と並んだ文字組みが深く静かな空間を表現しいる。文字の始まりをそろえ、文末を不揃いに組んだ片流し組みは、スタイリッシュと高い趣味性をイメージさせる。

白と黒を効かせたスタイリッシュ

背景色をほとんど黒に近くして、白と対決させた強い明暗のコントラストが、都会的でスタイリッシュなイメージを生んでいる。右半分の写真も穏やかな配色を避け、青、緑でまとめられている。

103

デイリー

日常的　昼間の

ターゲット別に見るチラシデザインのセオリー

温かい、明るいイメージが基本

穏やかでバランスのとれた印象。日常的とは昼間の明るいごく当たり前なイメージ。

主な条件
- 自然な表情
- 動きのある人物
- 太陽光
- 自由なレイアウト

基本レイアウト

明るいトーン主体の配色で開放的に

純色から明色にかけてのトーンは素直で開放的だ。このトーンを主体に白地を生かして配色すると、明るく、自然で日常的なイメージが表れる。明るい色と白の配色は、明るくすっきりした印象が表れる。また、様々な色相が混じり合うと、昼間の日常感が生まれる。

文字情報を増やすと日常性が強まる

文字情報を増やすほど日常感が表れる。日常的イメージは、情緒性よりも実用性に近いからだ。実用性を表す文字情報を極端に少なくすると、日常性も消えてしまう。

ひと気のあるモチーフが親しみを表す

さり気ないポーズの人物や、日常で見かける風景や食べ物を画面に示すと、人の気配が感じられ、親しみのある日常的なイメージが表れる。

自由なレイアウト型が日常性を表す

情報を自由に配置するレイアウト様式がのびのびとした日常のイメージを表す。グリッドで固められた実用性一本やりのレイアウトでも、シンメトリーにしばられすぎた格調高いレイアウトでもない。

カジュアルで元気のでる日常性を表す

おいしそうなアツアツの料理が自由な配置で数多く紹介され、カジュアルで役に立つイメージが表れている。配色は白地をベースに元気で温かい純色のトーン。

静かで落ち着いた日常

一枚の大きな写真と広い余白がゆとりと上品さを表す。また、白い雲のある明るい風景と女性の気取らないポーズが、明るい陽射しに包まれた日常のさり気なさをイメージさせる。明るく日常的な光景の写真なので大きな一枚写真でも閉鎖的にならず、開放感を表す。

静かな日常の一コマ

一枚写真は閉鎖的な情緒を表すが、ここでは、むしろ開放感があり、日常的な親しみやすいイメージだ。撮られている光景が自然な人物と屋外の開放的空間だからだ。

ドラマチック

非日常　こだわり　夜の

特別な夜の
イメージが基本

閉鎖的で激しい情緒性を表すと非日常的になり、ドラマチックなイメージが表れる。

主な条件
モノトーン
裁ち落とし
スポットライト
少ない情報

基本レイアウト

同じ色相で覆いつくす

画面全体を同じ色相で覆いつくすと開放感のないひとつの物語に閉じ込められた世界が生まれる。他を寄せつけない内向的で激しい異形のイメージだ。厳しいこだわりや閉鎖性を暗示する暗色のトーンがドラマ性を盛り上げる。

写真は大きく、
文字は控えめに

写真は大きくするほど閉鎖的になる。視線は写真の世界に閉じ込められてドラマチックな幻想に浸る。ドラマチック性を表現するには、文字は極力控えめにして写真を大きく一枚写真にする。写真の点数を増やすと開放的になる。増やす場合は背景の色を写真と同じ色調にして、一枚写真に見えるように組み合わせると閉鎖性が保たれる。

レイアウトは
求心的なシンメトリー

中心性をはっきり示すと、見る人の気持ちは中心に集められ、一つの世界に集中する。視線を内部に向かわせるほどドラマ性が強まり、その世界にどっぷりと浸れる。

同系色の配色は
ドラマ性を表す

画面全体を同系色でカバーするとドラマチックな世界が生まれる。背景を白地にせず、ピザの色と近い色調でまとめると一枚写真と同じ効果になり情緒性が強まる。

ドラマ性は説明なし
の感覚に訴える

ドラマ性は、非実用的で、かつ格調ある情緒を表す。文字情報ではなく、視覚で訴える。

静寂な幻想世界を
強調するイメージ

月に照らされた海面は静かで幻想的だ。昼間の明るい表情と違い、青につつまれた内向的な静けさがドラマチックな世界を表す。満月を拡大して海面の反射と一体にし、現実では体験できないイメージを楽しませてくれる。

ターゲット別に見るチラシデザインのセオリー

知性派

静的　理性的

水平性を意識したクール表現

透明感のある静寂なイメージが知性を表す。知性的なイメージを表すには、水平線と対比を抑えた配色が効果的。

主な条件
モノトーン
水平性
寒色の配色
情報小

基本レイアウト

水平線が静けさを表す

人々が夜の眠りから目覚める夜明けは水平線がよく似合う。太陽が沈む日の入りどきもまた、水平線が大地を支配する。そのときに感じる静寂なイメージ。水平線、垂直線を強調すると静かな知性的なイメージを連想させる。

青と抑制の効いたトーンが知性を表す

暖色の赤は行動を表し、寒色の青は落ち着いた冷静さを表す。同じ色相にすると色相対比がなくなり、穏やかな静けさが表れる。明るいトーンを主体にした配色は、激しい対立がないので穏やかで優しい静けさが表れる。

写真のロングショットは冷静さを表す

モチーフを遠くから見つめている視線（ロングショット）には静かで理性的なイメージが生まれる。逆にモチーフにアップで近づくほど迫力がでて、行動的に見える。例えば、山道を登り、その世界を間近で見ると、ゴツゴツした岩や倒木がせまってくる。しかし、同じ山を遠くから見ると前後や隣に連なる山々、空や雲、月、地平線などが一緒になった世界が見える。同じ食品でもロングで見せると静かで上品になり、アップにすると積極的にアピールする迫力がでる。

明るく対立のないトーンで知性を表す

激しく強い純色を避けて、明るいトーン主体の配色にすると対立のない優しく上品な知性が表れる。水平、垂直線の強調された写真の組み合わせも上品なクールさを生んでいる。

太字のタイトルを水平線となじませる

画面全体を水平線が主導して、静けさに覆われている。一方、タイトルは大きくして静かな画面に変化をつくっている。注目したいのは、そのタイトル文字に水平線を加えていることだ。水平線によって画面全体の流れと溶け込んでいる。

水平線の静かな背景で知的なイメージを表す

後方に広がる静かな風景が、知的なイメージをよく表している。特に湖面右端の水平線と青系の配色がクールでなおかつ爽やかなイメージを表している。
文字の大きさを抑えて水平線を強調した文字組みも、知的なイメージを表すのに効果的だ。

行動派

動的　感情的

動きは色と傾きで表す
暖色の活動的な赤と斜めにおいた文字や絵柄を強調すると、行動的、感情的なイメージが表れる。

主な条件

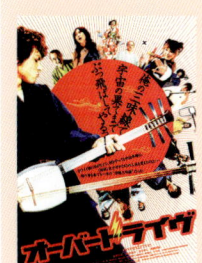

動きのある斜め配置

鮮やかな配色

強いコントラスト

基本レイアウト

斜線を強調すると行動的
人物やタイトル文字を傾けて配置すると画面に動きがでる。傾きを大きくし、自由な方向に向けるほど動きが激しくなり、行動的で外に向かう激しい感情が表れる。

鮮やかな暖色の赤は
生命感の象徴
鮮やかなトーンほど生き生きとした活動的なイメージを表す。中でも、暖色の中心にある赤は生命の始まりをイメージさせ、画面のどこかに赤を効かせるだけで行動的なイメージが表現される。
また、明暗や色相のコントラストを強調するほど、積極的、行動的、感情的といったイメージが表れる。

アップの写真は積極的
日常で見ている距離感を越えて、アップで見るほど迫力が表れる。同じ料理でも、アップにすると、料理の方から見ている人に迫ってくる。アップで撮影した写真を画面上で大きくレイアウトすると、料理は生き生きとした臨場感を持って、見る人の感情にストレートに響いてくる。

タイトルは特太、特大
が行動派を表す
タイトルを思い切り大きく太くすると、それだけでも行動的になる。写真のアップと同じ効果で、積極的で元気あふれるイメージが生まれる。

アップの写真が見る人に迫る
アップの料理写真は、見る人の食欲をストレートに刺激する。鮮やかな赤が画面の全体にあふれ、料理写真の臨場感をさらに盛り上げる。

特太のタイトルが積極性を表す
タイトルの大きさ、太さは写真のアップ、ロングの効果と同じだ。キャッチフレーズを特大にすると、積極的で自信のある印象になる。配色は、鮮やかな赤を中心に、黄色、青、緑と様々な色相を使って開放的で元気なイメージを表している。

形を傾けると動きが激しくなる
車の写真を傾けることで高速で走るスピード感が伝わってくる。撮影する角度だけでなく、車に近づいてアップで写すと形にゆがみが生まれ、ダイナミックな力強さも加わる。

107

業種別に見る
チラシデザインの表現

食品

▶ カジュアル ● P.58　和風 ● P.88
▶ ファミリー ● P.102

写真が食欲をそそる決め手

食品のチラシは写真なしではなりたたない。文字で、いくらていねいに説得しても、一枚の魅力的な写真には遠く及ばない。文章は理性に訴えて、じっくりとイメージをつくることができるが、チラシを見る人の瞬間の視線は待ってくれない。写真ならば、一瞬のうちに視線をとらえ、食べたいという感情にストレートに呼びかけることができる。

おいしい写真は天逆光で撮る

クールで説明的な写真では、食べ物はおいしそうに見えない。主観的で見る人に積極的に迫る写真が、感情を動かす表現の基本だ。食品のライティングの基本は天逆光だ。一部分だけに光を当てたライティングにすると食品のおいしさを情感豊かに表現できる。食品全体にライトを均一に当て、全部にピントを合わせて撮ると説明的な表現の写真になる。

ピントは浅く一部分だけに合わせる

ピントも全体に合わせない。最も魅力的な所を選び、そこだけにピントを合わせ、他はできるだけぼかす。このピントワークが食品に要求される情緒性によく合い、共感を呼ぶ。

季節や行事と食べ物を結びつける

季節感表現はショップにとって最大のキーワードだ。
桜が咲き出すと弁当をもって花見にでかけ、夏の青空を見るとスイカやかき氷を食べたくなる。季節と食欲の結びつきは私たちのDNAに刷り込まれた人類の歴史だろうか。
食品を季節と結びつけ、イベント化すると、チラシを見た人は、条件反射のように思わず引きつけられてしまう。

おいしそうな写真が食欲を刺激する

食品にギリギリまで近づいて撮影した写真は見る人の気持ちを強く引きつける。おいしそうに見える写真は天逆光のライティングと浅いピントなどの情緒を盛り上げる工夫によって撮られている。

季節感を限定して気持ちをとらえる

本日だけ、特別会員だけ、といった限定条件がつけられると、思わず参加したくなる。人は限定された情報にひかれる。食品のフェアも季節感で限定すると見る人の心を自然に引き寄せる。

春 桜餅、草餅など日本の食品には季節の食材と結びついた楽しい仕掛けがふんだんにある。「ひな祭り」の表示と春の食品を重ねると暖かな心地よいイメージが生まれ、明るいトーンが春らしい気分を盛り上げる。

夏 団扇、風鈴、花火…と夏の風物を画面に登場させると、それだけで好感がわく。見る人の内にある様々な記憶が呼び覚まされて、チラシの内容にまで好感が重なる。

秋 モミジやカエデをあしらって、秋の季節感を引き立たせる。キャッチフレーズの「秋味」は、紅葉を連想させる鮮やかな赤と黄色で彩って秋の気配を強調する。

連続イベントを季節感で特徴づける

1年を通して展開されるイベントに季節感表現を加えると、定番表現がより豊かに感じられる。一定のポリシーで保たれた安心感と新しい提案が一体になる。

冬 冬の北海道を濃い青で幻想的に表す。青や紫の寒色を不用意に使うと食品の暖かさを損なってしまうが、このチラシでは鮮やかな赤を十分に強く表すことで、青が引き立て色になり食品の赤が盛り上がっている。

業種別に見るチラシデザインの表現

食品

- カジュアル● P.58　上品● P.68
- 華やかな● P.70
- 高級● P.92　リーズナブル● P.93

3色配色が
おいしさ表現の基本

食品の元気が出る暖かなおいしさは、赤を中心とした黄色、緑の3色相で表す。赤と黄色が元気を表し、少量の緑で赤、黄色を引き立てると活力のあるおいしい配色がつくられる。青や紫を加えるときも、赤と黄色が主役になるよう少量にとどめる。

基本型は食品3色使い

鮮やかな赤を中心にして黄色、オレンジで赤をなじませ、少量の緑で引き締めると、食品によく似合う、元気で生き生きした配色が生まれる。

限定した配色で
特別なテイストを表現

激辛キムチや優しいスイーツなどの特徴的なテイストの食品は、それぞれのイメージにふさわしい配色で表す。食品3色にしばられない。

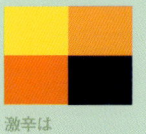

激辛は
激しいトーン

スイーツは
淡いトーン

Good

食品3色＋青、紫で
全色相型の配色

食品3色を基本にした、元気で開放的なイメージの鮮やかな赤と黄をメインにして、緑で引き締める食品3色使いで、食品の元気さを表している。さらに、少量の青や紫を添えて、色相を全色相型に広げて開放的に。

市松模様で和風
テイストを強調

和食にも食品の3色使いが効果的。マグロの赤、卵の黄色、笹の葉の緑の食品3色で商品のおいしさが伝わってくる。さらに、筆書きのタイトルと紙面ほぼ中央の市松模様で和のイメージを添える。

NG 緑をなくすと元気がなくなる
反対色の緑が消えると、赤と黄色だけの似た色相だけになり、元気な開放感が失われる

112

甘いお菓子は淡いピンク

女性限定のスイーツは淡いピンクがよく似合う。淡いトーンは優しさを表し、女性限定の特別なイメージを表す。少し濁色気味の淡いトーンは、優しさに、上品で高級な雰囲気をプラスする。

激辛は赤と黒で表す

鮮やかな赤と黒の組み合わせは、激しいエネルギーを表し、辛さの激しさを表す。クリアな白、陽気で開放的な黄色を増やすと、激辛のイメージがなくなってしまう。

トリコロールカラーでフランスを表す

国旗の色はその国をストレートに連想させる。フランスをイメージさせるにはトリオロールカラーの青と赤、白の組み合わせが効果的だが、この配色を強調しすぎると食品3色を崩し、食品らしさが消える。食品3色とのバランスをとることがポイント。

材料の色を生かして高級感を表す

チョコレートの色は赤の暗色。このトーンは重厚さや格調の高さを表し、カジュアルなものでなく特別なものだ、ということを伝える。

食品

業種別に見るチラシデザインの表現

→ ゆとり ● P.80　自然な ● P.82
→ ファミリー ● P.102
　　デイリー ● P.104　お買い得 ● P.93

特別な日か日常かを
はっきり表現する

料理のイメージには、日常の食事と特別な日の食事があり、まったく違う表現が求められる。
日常的なイメージには、気取らない普段の感じが、特別な日の食事には高級感やちょっと贅沢なイメージがある。キーワードとターゲット別表現をチェックし、特別なのか日常なのかをはっきり表そう。

価格表示を大きくすると
日常的に

日常的なイメージは、食品3色をベースにした明るく元気な配色で表現される。これに価格を目立つように加えると、価格の安さ、カジュアル感が強調される。
高級感や格調高さを強調したい場合は価格表示は控えめにする。小さくするほど高級感が表れる。

明るいトーンが日常を、
渋いトーンが高級感を

カジュアルで気軽な食品には、純色から明色にかけてのトーンがよく似合う。中でも純色を多くすると元気さが表れ、明るい淡いトーンを主体にすると優しい甘さが表れる。
明色に少しだけ濁色を加えると、優しく上品な落ち着きが生まれ、高級感が表れる。濁色は趣味のこだわりや、落ち着いた穏やかさを表す。

暗色と黒は格調を表す

暗色のトーンは色味が控えめになり、派手さを抑えて伝統や格調が表れる。伝統ある格調高い料理店をアピールするには暗色のトーンを主体にする。
暗色をさらに暗くすると黒になる。厳しさ、こだわりがより強まり、神秘的な、日常とまったく離れた幻想的なイメージが表れる。

Good 暗色主体の配色で、ちょっと豪華なイメージを表す

NG 背景を白地にしたら、盛り上がりがなくなる
白はクリアさと理性を表すので、情緒を消してしまう

NG 価格表示を大きいと高級感が消える
価格表示を目立たせるほど安価のイメージが強まり、日常のテイストに近づく

鮮やかな赤を主体にした黄色、緑の食品3色による元気のでるチラシだが、豪華で特別な日の料理のイメージが表れている。背景を黒にして全体を暗色にしたため、豪華なイメージが表れた。

黒い背景で特別な日の豪華なイメージを表す

NG 高級すぎて似合わない
写真の背景を暗色にし、文章を緻密な文字組みにすると高級感が強調される

Good 目立つ価格表示でお手頃感を、食品3色と背景の白地が明るく開放的なイメージを強調している

明るいトーンがカジュアル

食品3色の赤、黄、緑を効かせ、背景を白にして、暗色のトーンを少なくして、生き生きとした元気なイメージを表している。大きく目立つ価格表示がカジュアル感をより強調している。

NG 一枚写真は情緒的で気軽さが消える
背景を暗くすると画面全体が一枚写真のように統一される。しっとりとした情緒が表れるが、日常の気軽なイメージがなくなる

毎日食べるケーキなら価格表示が大きくてもOK

ケーキは総菜などの他の日常食品とは少し違う。日常から離れた、高級感や幸福感を強調したイメージ表現がよく似合う。そこに、毎日食べたい、少し日常的な気軽さを加えるには、大きな価格表示が効果的。淡いトーンでスイーツさの甘さを表し、価格表示で買いやすさをアピールする。

宅配食材

▶安心 ● P.56　ゆとり ● P.80
▶高齢者向け ● P.100
　デイリー ● P.104

安全、安心を表現

宅配のチラシでは、まず、安心表現が基本になる。実店舗なら実物を直接見れるが、宅配ではチェックできないので、信頼感が大きな決め手になる。宅配食材の表現はこれを十分にカバーしなければならない。

穏やかな配色とゆとりのあるレイアウト

安心、安全の表現は緑を使った穏やかなトーンで表し、激しい表現は抑える。紙面には余白を残してゆとりを表す。
写真点数を多くして、文字を詰め込みすぎると量販店のような活気はでるが、安心、安全のイメージが弱まる。価格表示もスーパーのような大きく商品に重ね合わせると、即物的になり、ゆとりが消えてしまう。

食材をストレートに写真で見せる

食材の写真は泥や葉のついた食材の自然さをアピールするものがよい。生産地が暗示されて安心感が生まれる。泥は産地の実証であり、宅配では確かめられない大切な品質保証の視覚的なツールとなる。
さらに、食材を大きく堂々と見せることで安心感が生まれる。

イメージ写真で安心、安全を訴える

畑を連想させる光景や家族の写真で安心感を補強する。農家や農地の一部、鶏などの家畜のイメージ写真が生産者をより身近に感じさせる。実店舗では文字で産地を表示するだけで消費者を安心させられるが、宅配チラシでは写真を使って視覚的に証明する必要がある。

業種別に見るチラシデザインの表現

ゆとりが安心感を伝える
大きさを控えめにしたタイトル、自由な位置に配置した写真が穏やかさとゆとりを表し、安心感も暗示する。

Good　適度な情報量と余白
食材の写真、適度な文字量と余白、整然とした文字組みが安心感を生んでいる

商品を大きく堂々と見せると品質への自信が表れる。大根についたままの泥と大地、日本地図によって産地の実在を視覚的に証明し、安心感を強く与える。

▼ **泥のついた商品を堂々と見せる**

NG　余白がなくなるとゆとりが消える
大きな文字と角版の写真で埋めつくすと堅実すぎて堅苦しい。ゆとりがなくなると安心感も消える

優しいトーンで安心を表す

購入者と同じテイストの人物が気取らない自然な姿で現れると、安心が生まれる。文字の大きさを控えめにした理性的で、穏やかな表現が、購入検討者の共感を呼ぶ。

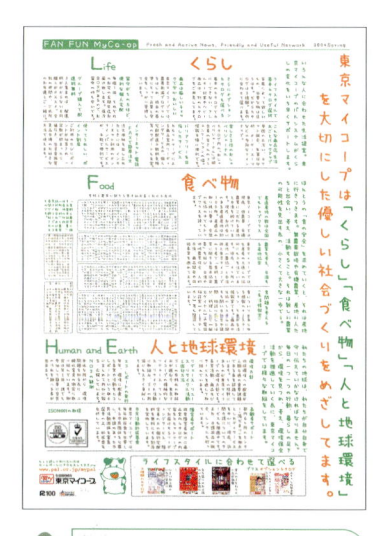

手描き文字のイメージが親しみを生む

ていねいに、ゆっくり描いた手描きの文字は暖かさと癒しを表す。文字は、ていねいだが上手すぎない方が親しまれる。乱雑な書き方や達筆な文字では親しみは生まれない。

大地の証明写真で安心を表す

遠くの地平線にまで広がる緑の大地と、緑の中を歩く鶏の組み合わせが豊かな自然を表す。

普段着の姿が安心を保証

農家の日常をイメージさせる写真が生産地を連想させる。文字情報を極力抑え、ゆとりのあるレイアウトと濁色を主体にした配色でこだわりと自由さを暗示し、信頼感を高める。

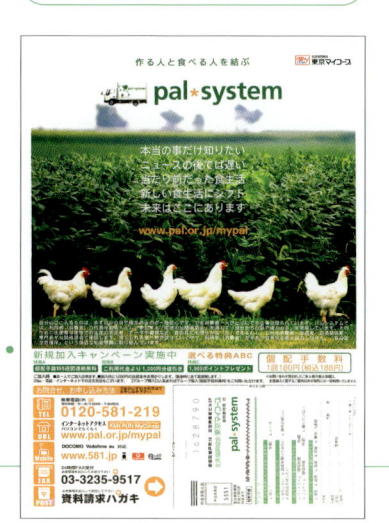

Good 自然に囲まれたゆとりのある笑顔が安心感を表す

NG 実用性を強調すると信頼感が消える
大きな価格表示、商品を詰め込まれた商品写真ではゆとりがなく、安心感も生まれない

117

業種別に見るチラシデザインの表現

ファッション

➡ すべて
➡ すべて

すべてのキーワードとターゲットにあてはまる

ファッションの表現は、すべてのキーワードにあてはまるくらい幅広い。健康的な明るい表現、華やかで上品な表現、ドラマチックで超高級な表現など、商品の性格にあったあらゆる表現が求められる。

切り抜きはカジュアルとお買い得感

切り抜き写真は、お買い得感を連想させる。反対に凝った背景の角版写真は高級感や情緒の豊かさを表す。角版を基調にして、少数の切り抜き写真を加えると、落ち着きの中にも開放的でカジュアルなイメージが添えられる。

モノトーンの背景は最も高級感

背景の色調をモノトーンにして色みを抑えると、こだわり感が強まり、最も高級なイメージが表れる。

背景でいろいろなテイストを表す

重厚で伝統を感じさせる室内を背景にすると重厚な伝統感が表れ、明るく開放的な光景にすると明るいイメージが表れる。背景と中心に表されて服のテイストと一致すると、共感が生まれる。

背景が大きいと叙情的

背景をなくして白地にすると、服の形だけが残され、クリアで実用的なイメージになる。背景を大きくすると感情表現が全面にでて、情緒が大きくなる。

モノトーンの背景が高級感を表す

背景の色みを抑え、グラデーションのあるモノトーンにすると静かな落ち着きが表れ、高級感が強調される。

写真のシチュエーションでテイストは変わる

趣味グッズが床に散った光景は自由気ままなカジュアル感を表す。ていねいなつくりのインテリアを背景にすると落ち着いた高級感が表れる。自由な光景には崩したポーズがよく似合い、伝統と格調を表す階段のスロープには、垂直を基本にしたポーズがよく似合う。

華やかで開放的な高級感

ファッションの基本といえる華やかさは開放的で明るい配色から生まれる。優しく明るいトーンの中に、程よく散りばめられた鮮やかな色が華やかさを表し、緻密な文字組みと広めの余白が高級感を表す。
しかし、純色の赤と青の対決を強め、余白をなくすと、優しさと高級感が消え、実用品のイメージになる。

NG 大きな文字組み、大きな色面では高級感が消える

Good 明るい配色、緻密な文字組みで華やかさと高級感を表す

価格帯に合わせたお買い得表現

価格の安さは、価格表示を大きく目立たせるほど強くアピールされる。高級感、上品さを表すには価格表示は他の文字と同じくらいまで小さくする。
また、安価をアピールする場合、男性用スーツは堂々と力強く、女性向けスーパー衣料店なら明るく爽やかにと、それぞれのターゲット層にぴったりの表現をする。

上品でお買い得
小さな価格表示と優しい配色で高級感を表す。価格は本文文字よりもひとまわり目立たせることで、上品さと同時にSaleにふさわしいお買い得感を表す

こだわりのある激安
価格を大きく鮮やかな文字で商品に重ねて激安感を際立たせ、濁色と暗色を加えた配色でこだわりを補う

爽やかで、実用的で、お買い得
鮮やかでクリアな配色と大きく目立つ価格文字で激安感をストレートに表し、鮮やかな色と白地の対比で実用感を強調する。その一方で、ファッションに必要な癒し感を明るい背景色で補い、実用の無味乾燥さをカバーしている

ファッション

業種別に見るチラシデザインの表現

→ すべて
→ すべて

配色による季節感表現

ファッションにとって季節感の表現は最も大切な生命線だ。春夏秋冬の各季節にあった配色を提案することで、ユーザーの購入したいという気持ちをかき立てることができる。
季節感を無視した配色は、無機質で堅苦しくつまらないイメージになってしまう。季節感がぴったり表れた配色で生きたチラシをつくりたい。

春　夏
秋　冬

商品の見せかた

平面的に置く
情緒性のない、すっきりしたイメージ。形だけがはっきりと伝わる。合理的で、無駄のないスタイリッシュな趣味性の高いイメージがよく似合う

人台に着せる
頭のない垂直ポーズの人台に着せると形がはっきりとわかり、実用的なイメージが表れる。量販店の表現に似合う。頭を加えてポーズをつけると人間に近づき親しみやすくなる

動きをつけて置く
組み合わせて動きをつくると生き生きした開放感が生まれる。顔がないので情緒性に流れすぎず、かといって、堅苦しさとも違うカジュアルな表現となる

モデルに着せる
モデルの表情やポーズがテイストを決定づけるので、商品イメージに合わせて注意深く選択する。チラシの中心にモデルに着せた写真を大きく載せると、核が生まれ、紙面全体が落ち着く

春向け
明るいトーンの緑や黄色は、明るく優しい春の光を連想させ、チラシを見る人をうきうきした気分にさせる。全体を穏やかなイメージでまとめ、厳しい色面は避けている。

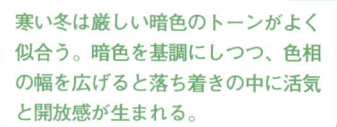

冬向け
寒い冬は厳しい暗色のトーンがよく似合う。暗色を基調にしつつ、色相の幅を広げると落ち着きの中に活気と開放感が生まれる。

冬向け
暗色のトーンは格調高さと高級感を表す。石造りの建物の背景が格調の高さを強調する。色相は茶色の服装に対し、反対色の青を地色にすることで色の対比が生まれ、全体が生き生きとする。

定番商品は
カタログ風で表現

趣味性の強い定番商品の表現はスタイリッシュな様式がよく似合う。無駄な情緒性を省いたカタログ風の写真がかえって共感を呼ぶ。モデルを使ったメイン写真の情緒表現で堅くなりすぎるのを和らげている。

ショーウィンドウの
ように変化をつける

ファッションは実用品とはいえない。いかに目を引くかは商品の魅力にかかっている。写真の置きかたに注意して、楽しくウィンドウショッピングするような気分を伝える。

カジュアルだが
高級感もある

切り抜き写真をメインにした構成なのに安っぽくならず、女性らしい華やかさと上品さが表れている。緻密な文字組み、程よい余白の効果だ。

Good カジュアルさと高級感が同居して、軽快な華やかさがある

NG 暗色の背景、角版写真では華やかさが出ない

業種別に見るチラシデザインの表現

眼鏡店

▷上品 ● P.68
▷女性 ● P.99　高齢者 ● P.100

ファッション性
＋医療品のテイスト

眼鏡は医療品としての理知的でクリアなイメージとファッションとしての情緒性という対極のイメージが同時に求められる。理知的なイメージは白地の背景で、ファッション性は優しい色使いで表す。

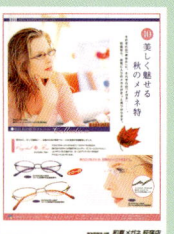

主な条件
優しい配色
白地
控えめな価格表現

基本レイアウト

白地を残して
クリアさを保つ

激しい赤の中に白の面を挿入すると、クリアになって、激しすぎた赤が生き生きとする。
情緒にあふれた紙面の一部に白を残すと、それまでにあった情緒性も生き生きとし、クリアと情緒の両面が生かされる。

淡いトーンのグラデー
ションで優しさを表す

淡いトーンを中心としたグラデーションは優しさと癒しを表す。背景にグラデーションを敷くと、穏やかで優しいイメージに変わり、女性らしさが表れる。紙面の要所要所にグラデーションを添えることで眼鏡のもつファッショナブルな優しさが表れる。

価格表示は
大きく目立たせない

眼鏡は医療品でもあるので、ファッション性だけではなく精密さも求められる。価格表示を大きくしすぎると実用性だけの表現になり、精密のイメージを失う。安価さをアピールする場合も、商品写真を主にして価格表示は少し控えめにする。量販店の日用品チラシのような大きく商品に重ねる激安型表示にしない。

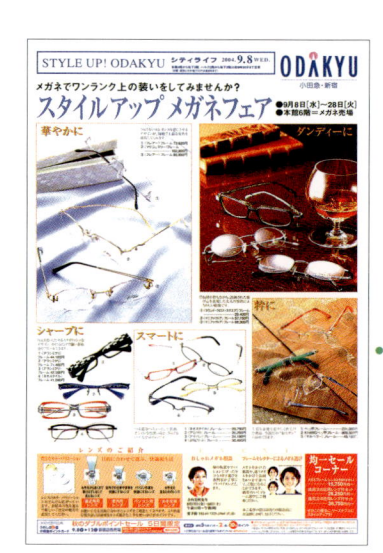

明るいトーンで
繊細さを表す

ソフトなトーンが上品で女性的な繊細さを表す。写真の淡いトーンが穏やかで優しいイメージを表し、他の色面もこのトーンに合わせている。写真の肌の色は通常の肌色と違い、淡い。さり気なく、非日常のファッション性が表れている。

暗色のトーンで
格調を表す

右上の写真の暗色の背景が穏やかな落ち着きを表し、紙面全体を格調高くしている。一方、左上の写真の明るいグラデーションの背景が、女性的な優しく華やかなイメージを表している。

122

グラデーションで優しさを補う

多数の写真で実用性の高さを表し、色味を抑えた配色でファッショナブルな落ち着きを保っている。強いコントラストの中心部はグラデーションでとり囲んで優しさ、上品さを補う。

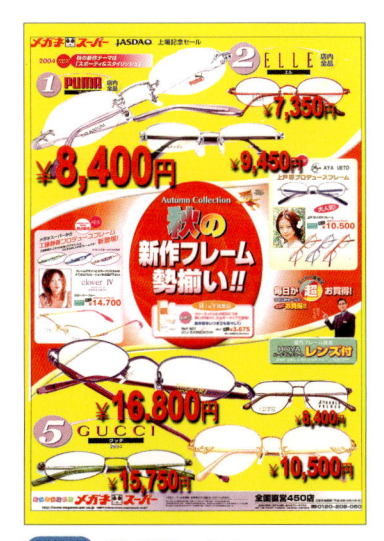

NG 色面で埋めつくすとクリアさが消える
色面を強くして白地やグラデーションを目立たなくさせると粗悪な品物のイメージに変わってしまう

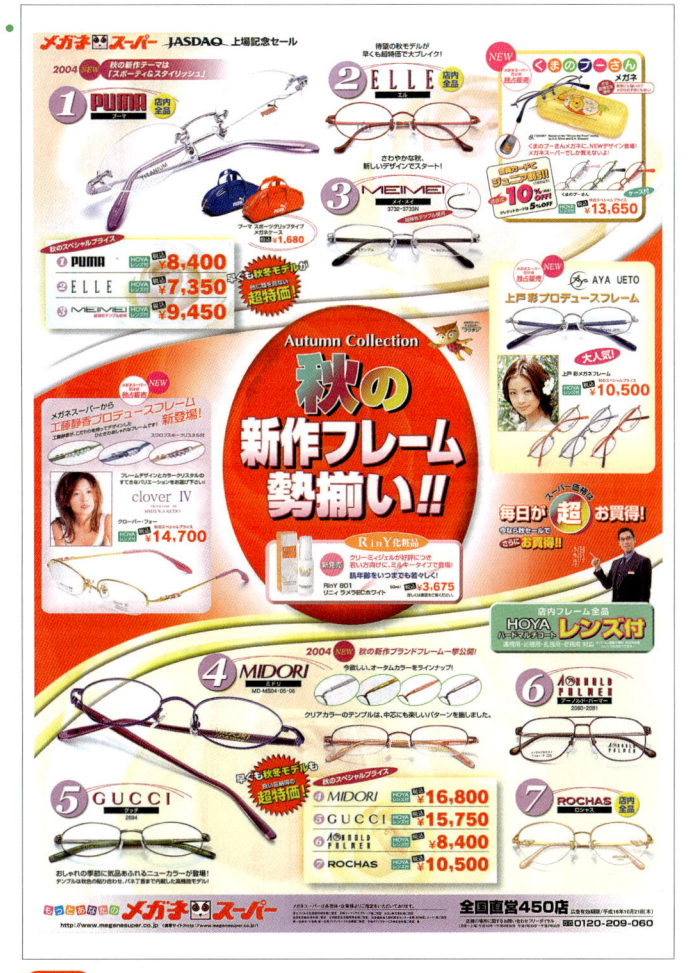

Good 実用性＋オシャレのイメージ
多くの商品写真で実用性を、配色でファッショナブルなイメージを表している

激安でも白地が必要

左の図では、上部の鮮やかで強い色面と肉太の書体が激安を表す。しかし、下辺に十分な白を残し、価格表示も眼鏡自体よりも小さめにすることで、眼鏡の表現としてはギリギリのバランスがとられている。

NG 価格を目立たせすぎると信頼感がなくなる
日常的な実用品のイメージが強まると、繊細さと眼鏡に潜在する医療品のイメージがなくなり、信頼感もなくなる

化粧品

- 上品 ● P.68　華やか ● P.70
- 格調高い ● P.76
- 女性 ● P.99

3つの方向で違うレイアウト

美しさを求める化粧品には、堅実な実用品のイメージはまったく不似合いだ。
その化粧品の表現は大別すると、カジュアルな化粧品と医療品に近い化粧品、高級化粧品の3つの方向に分かれる。その3者はまったく違う様式で表現する。

カジュアルな化粧品は最大量の情報を詰め込む

大量の情報は役立ち感とお買い得感を暗示するが、そのままでは堅苦しい。そこで、レイアウト様式と配色でカジュアルで気軽なイメージを加える。写真を大きく、文字は少なく抑えて開放的な気軽さを表し、鮮やかな色相を散らすことで華やかさが表れる。

価格表示は大きく目立たせない

化粧品はどのタイプの表現でも価格表示は小さく抑えて、安売りイメージを避ける。最もカジュアルな表現でも、商品写真に比べ、数段小さく表し、化粧品本来の情緒性を崩さない。

医療品風の理知的な表現

写真の点数を少なくして、文字情報も少なめにすると落ち着いた癒し感のあるイメージが表れる。そこに説明図を加えると、医療品に近い理知的なイメージが表れる。

情報量を最小に、イメージ写真を最大に

高級化粧品は情報量を最小限にする。写真点数を極力抑え、文字もほとんどないくらいに抑えると説明的なイメージがなくなり、情緒性が最大になる。商品写真は極小にして、イメージ写真を最大にして情緒性を最大限に表す。

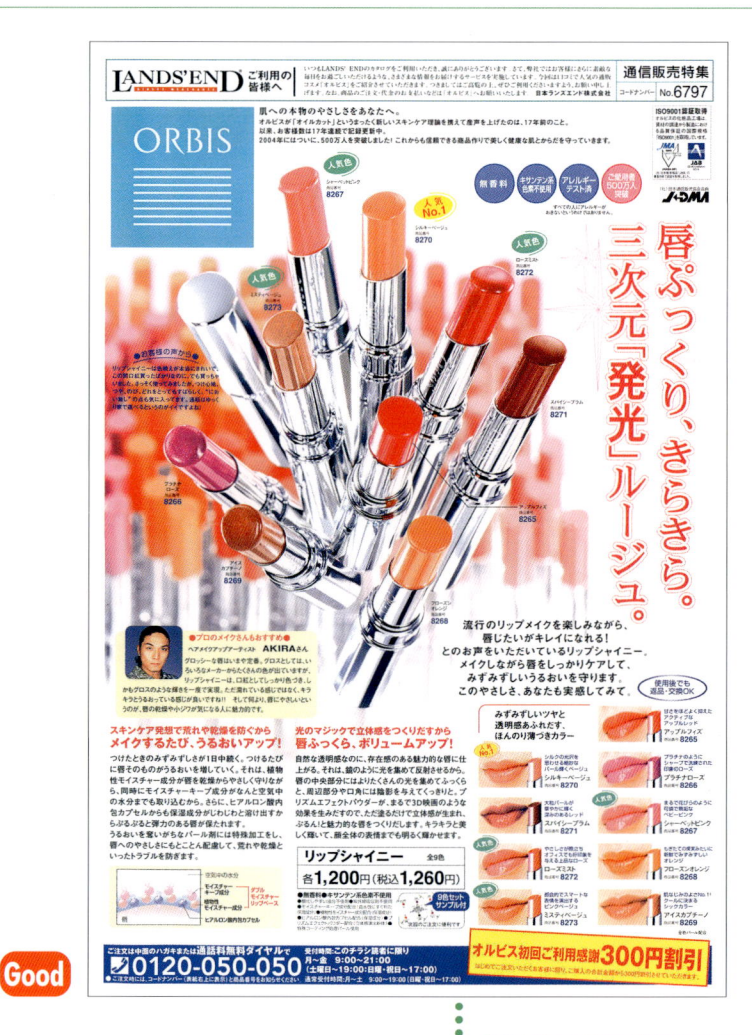

Good

余白を広めにとってゆとりを表す

文字情報を抑えめにして余白を大きくとると、ゆとりが生まれる。カジュアルさの中に少し上品さが表れ、落ち着いたイメージが大きくなる。

情報満載のカジュアル表現

商品写真と文字情報をあふれるように詰め込んで役に立つカジュアル感を強調する。中心から広がるレイアウトで化粧品らしい華やかさが表れる。

NG

価格表示が大きすぎると夢が壊れる
価格表示は控えめにすることが化粧品の原則。目立たせすぎると現実に引き戻され、楽しさが消えてしまう

業種別に見るチラシデザインの表現

高級化粧品は情緒性を最大に

商品写真よりイメージ写真を大きくすることで情緒性が前面に出る。さらに色相をピンクの同系色で統一すると、対立のない内向的な幻想性が表れる。

医療品風の落ち着いた表情

情報量を削って余白が十分にあるレイアウトにすると静かで理知的なテイストが表れる。説明的な図解を添えて医療品のイメージを表す。

実用とイメージを共存させる

一見結びつきづらい理性と神秘性を同時に表している。暗色の背景色が薬用の神秘さを暗示し、説明図を整然と並べるレイアウトで医療品の理性的イメージを表している。

高級商品はイメージ写真

写真の点数も文字の量も少なくして情報量を少なくするほど実用性、開放感が弱まり、高級化粧品らしい情緒性が大きくなる。

NG 情報量を多くするとカジュアルになって高級感がほとんどなくなり、気軽に買えるイメージになる

NG 商品写真を大きくすると説明的になる分だけ高級感が弱まる

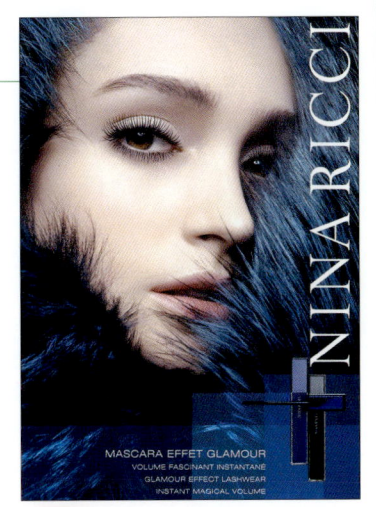

Good イメージ写真を大きくくし、商品写真と文字を小さくすると高級感が最大になる

125

業種別に見るチラシデザインの表現

量販店比較

家電
高級商品が多いので余白を少し多めに

日用品とはいえ、高級品なので少しゆとりがある表現が似合う。価格表示や本文の説明文を小さくすることで上品さを表し、商品を使用しているイメージ写真で情緒性を加えると高額でも買ってみたいという気持ちが動く

使用中の写真が必要

リカーショップ
配色で癒し感を表す

リカーは小額で日常品的だが、本来は情緒性の強い商品だ。ビールを飲むときの気分とワインを選ぶときの気分はテイストがまったく違う。このように情緒性の商品には、それぞれのテイストにぴったりの表現が必要だ。日本酒なら、日本酒らしいすっきりしたこだわり感、ビールならば爽やかさ、カクテルは華やかさを表現する。

基本は余白なし。各々の商品にあった地色で埋めつくす

Good 使用中のイメージ写真で購入欲を刺激する
赤々とともったストーブは見るだけで暖かくなった気持ちになる。商品を箱から出して単純に並べるだけでなく、使用感を演出してユーザーの気持ちを一歩近づけ、商品に参加させる

NG 白地は気分をしらけさせる
地色を敷くと癒しの気分が表れるが、地色をなくして白地にすると情緒がなくなって飲みたい気分をしらけさせる

Good 商品イメージを配色で盛り上げる
ビールの背景は鮮やかな赤にして元気さを表し、ワインの背景は深く渋い緑にして落ち着きと伝統を表す

食品3色を散りばめ、盛りつけ写真もある

家電には使用中の写真

鍋物では暖色を使って雰囲気を出す

高級牛肉は黒バックで格調高く

薬局コーナーは白とブルーの配色

スーパーマーケット
食品3色を基調にした幅広い配色

スーパーは食料品を中心に、あらゆる分野の商品が提供される。激安感が最重要なため、価格表示は大きく堂々と表し、大量の情報で余白なく埋めつくすことでお買い得感を表す。

食品3色を基本にした鮮やかなトーンで積極性をアピールする

配色は積極的で開放感を表す純色のトーンを主体にして、色相は食品3色を基調にする。赤と黄色をメインにして少量の緑で引き締めると、元気な食品イメージが表れる。

Good 白地と青を効かせる
鮮やかな配色とツメツメの大情報でお買い得感を表す。一方、白地と青を効かせた配色で薬局らしさを表す

NG 白地がないと薬のイメージにならない
理性的なクリアさを表す白地をなくすと情緒的になり、薬局らしさが消えてしまう。薬局にとって白地は不可欠だ

ドラッグストア
医薬品らしさを白地と青で表す

激安をアピールしても食品中心のスーパーとはひと味違い、クリアさがドラッグストアには必要だ。クリアさは、白地と青を効かせることで表現される。

商品をすき間なく詰め込んでお買い得感を表す。白地を残し、青を効かせた配色で薬品に求められる理性的なクリアさを表現すれば、ひと目でドラッグストアの紹介だということがわかる

127

インテリア

➡ カジュアル ● P.58
落ち着いた ● P.74
➡ ファミリー ● P.102

業種別に見るチラシデザインの表現

格調と親しみやすさを両立

高額なインテリア商品は実用品ではなく、精神的な満足感に訴えるものだ。そのためには、落ち着いた上品さと親しみやすさが程よく調和した表現が求められる。

幅広いショップテイスト

量販店に近い大情報型ショップから、都会的で格調高い店まで、様々な表情がある。自店の目指すテイストがどのタイプにあるのかをはっきり確認することからチラシづくりが始まる。

メイン写真は実景をていねいに再現する

高額で情緒性の強いインテリア商品にとって、写真のできばえは決定的だ。単に形態や材質がわかるだけでは購入したい感情を呼び起こせない。背景や商品に添えるアクセント小物、ライティングにも十分な工夫をこらし、商品の特徴を魅力的に引き出すことで、買う気をおこさせる。

控えめなトーンで落ち着きを保つ

食品スーパーのような鮮やかな色使いはタブーだ。落ち着きのない配色は商品を粗悪品に見せ、信頼感がなくなる。身近なカジュアル店らしさを表現する場合でも、鮮やかなトーンは少なめにして、暗色、濁色のトーンを多めにし、騒々しい印象を避ける。

価格表示は小さめに

激安をアピールするときもタイトルで大きく訴え、商品に添える価格表示は控えめにする。大きくすると商品自体が安っぽく粗雑に見えてしまう。インテリア商品は実利で売るのではなく、精神的満足を売る商品だ。

Good 落ち着きのある高級感
ていねいに撮られた商品写真が、ひとつ上の高級感を感じさせる落ち着いたイメージをつくる

格調高く高級感のある表現

黒をバックにした大型写真で商品の格調高さを表す。上から逆光気味に照らす天逆光のライティングは情緒性の高い癒し感を表し、この商品に座ってみたい気持ちにさせる。

NG 色みを消すと閉鎖的になる
下辺にあった落ち着いた黄色をなくすと、格調ある高級感が高まるが親近感がなくなり、この店に行きたい気持ちも消えてしまう。インテリアには程よい親近感が必要なのだ

128

切り抜き写真と大小差でカジュアル感を表す

気軽に買い物ができそうな気がする。切り抜き写真を多用し、写真の大きさに大小差をつけている効果だ。一方、鮮やかな色を控えめにした配色で、インテリアにふさわしい落ち着きを保っている。

角版の写真使いが落ち着きを感じさせる

数多くの商品が展示されて身近な感じがある。しかし、右上の広告と違い、格調ある落ち着きがある。それは、ていねいにセッティングした背景のある角版写真の効果だ。

激安表現でも落ち着きを保つ

超特太のタイトルでお買い得感をアピール。しかし、紙面全体の色調は抑えて、騒々しくしない。鮮やかなトーンを多用すると、商品イメージが粗悪になってしまう。

インテリアのプライス表示は控えめに

控えめな価格表示は商品の高級イメージを崩さない。バーゲンセールを元気よくアピールする場合でも程よい落ち着きを保つ。

Good 派手さをおさえた配色
渋めのトーンの配色が、落ち着きと適度なカジュアル感を表す

NG 派手すぎる配色は信頼をなくす
背景色のトーンを純色にしたら落ち着きが消えてしまった

生活雑貨

業種別に見るチラシデザインの表現

→ おしゃれ ● P.84
→ 知性 ● P.106　高齢者 ● P.100

暗色で伝統、切り抜き版で楽しさを表す

鮮やかさを抑えて、暗色をベースにすると伝統のある格調が表れる。一方、切り抜き写真をメインに、そして点数を多くするほど雑貨本来の楽しさが表れる。

写真を多用して華やかさを表す

雑貨の形は多種多様で変化に富んでいる。ていねいに撮影した雑貨の写真は、見ているだけで楽しい気持ちになる。写真を多くのせるほど華やかなイメージを表せる。たとえ、渋く落ち着いた色調であっても厳しいイメージと一緒に明るい華やかさ、伝統のある豪華さも表れる。

緻密な文字組みで上品さを表す

緻密な文字組みは欠かせない。小見出しの大きさを控えめにした小さな本文組みは緻密なイメージを表し、雑貨のもつ上質な優しさを表す。
粗削りな文字組みにすると粗雑なイメージになってしまう。

価格表示は控えめに

雑貨専門店の基本テイストは趣味性が基調なので、価格表示は決して大きくしない。価格は本文と近い、小さな文字で控えめに表し、商品の趣味性を崩さない。

カジュアルな華やかさ

切り抜き写真を紙面全体にあふれるように配置してカジュアル感を表す。明るいトーンをメインにした配色は若々しく華やかなイメージを表す。

カジュアル感を抑えてスタイリッシュに表現

トーンを微かな暗色にすると元気さの中に落ち着いた格調が程よく加わった。写真の形も切り抜きを少なめにして、四辺形の均一の大きさに統一したことで、都会的で華やかな印象が生まれている。

渋いトーンを基調にした華やかな表現

伝統や落ち着きを感じさせる渋いトーンの配色と、切り抜き写真を紙面全体に自由に散りばめたレイアウト様式で、穏やかでかつ華やかなイメージを表す。

広い余白が趣味性の高さを表現

写真点数を絞り込むことで余白が生まれ、上品な落ち着きが表れる。水平垂直を意識したレイアウトで、和風になり過ぎない。色みを抑えた暗色のトーンの配色で、重厚な伝統をイメージさせる。

アクセントの切り抜き写真が和を印象づける

写真点数を増やし、余白がほとんどないくらいに詰め込むと、開放的で楽しい気分が表れる。一方、配色では暗色を基調にして伝統のある落ち着きを表す。

豪華で伝統の重みを感じさせる

暗色をベースにしつつ、鮮やかな赤や金色が添えられたことで、暗色との力強い対比が生まれて、豪華さを表している。

自動車

→ 実用的 ● P.52
→ 若者 ● P.101

買いやすさのイメージを優先させる

ディーラー型チラシでは何よりも売ることに専念する。メーカーがつくりあげた車の特徴とイメージを基盤に、いかに買いやすいか、お買い得で入手できるかを表現する。

買いやすい仕組みをタイトルにローンの仕組みを大きく表して、買いたい気持ちを引き起こさせる。紙面いっぱいに詰め込まれた情報が激安感を表す

大量の情報でお買い得感を表す

写真や文字などの情報を紙面いっぱいに詰め込むと、販売店の積極性、熱心さが伝わり、ユーザーの購入する気持ちを掘り起こす。情報量を少なくすると、気取ったような冷たいイメージになり、購入したい気持ちに水をさす。

価格とローン金利を目立たせる

価格やローン金利をはっきり表すほど売る気が伝わる。車のイメージはすでに、ディーラーCMやパンフレットでできているので、最後に、購入するか、どうか決断させるために、購入者の立場に立って買いやすさを具体的にアピールする。

鮮やかな配色が購入意欲を高める

鮮やかで力強い配色は、購入の決意を固める励ましの効果を持つ。どうしようかと迷う気分を力強い配色が消し去って販売店に向かわせる。力強い特太の文字のタイトルとお買い得感を表す大情報とが相乗効果を生む。

激安表現で気分を盛り上げる

大きく派手なキャッチフレーズと価格表示、文字情報で埋めつくされた余白がほとんどない紙面が、チラシを見る人の気分をあおり、行動を引き出す。

背景写真を添えて情緒を高める

車の背景を白抜きにしないで一緒に見せると、買いやすさだけでなく、実際に自分がその車に乗っているような情景を連想させる。さらに、試乗すれば必ず景品が当たると実利をアピールして来店を促す。

大情報と力強い配色で積極性を表す

試乗会の日を限定することで、購入者の決断を迫る。紙面にあふれる大情報が、店の積極性と売る気持ちの強さを伝えて、次の土曜日に行ってみようかという気持ちにさせる。

NG 広い余白と自動車2台では、買おうという気が起こらない

Good 情報が詰め込まれ、お買い得感があふれる

業種別に見るチラシデザインの表現

人物写真は親しみを表す

車だけの写真は実質本位のハードなイメージだが、人物を添えるとソフトで参加しやすい気持ちにさせる。

おしゃれな表現で女性の来店を呼びかける

背景を大きくとり、特大文字を控えると騒がしさが消え、おしゃれでソフトなイメージが表れる。女性客の来店しやすい優しい印象になった。

おしゃれなイメージで女性にもアピール

価格表示など文字を控えめにすると余白が生まれる、明るくカジュアルな印象になる。女性でも行きやすいおしゃれなイメージになった。

車の色でターゲットを絞る

チラシに載せる車の色もイメージをつくる重要なポイントだ。カジュアルなミニバンやタウンカーは、赤・黄・青で気軽さを表し、高級車種はシルバーグレーやダークグレーなどで格調を表している。

価格表示が大きくても色で高級感を保っている

赤、青、黄色のシンプルで開放的な配色と車と人物写真の組み合わせがカジュアルで親しみやすい感じを表す

ミニバンはアクティブなイメージの黄色や赤で、ターゲットである若者層の注目を引く

業種別に見るチラシデザインの表現

自動車

- 格調 ● P.76　おしゃれな ● P.84
- 高級 ● P.92
  スタイリッシュ ● P.103

車のイメージを際立たせる

メーカー主導型チラシでは車の買いやすさよりも、その車がどんな特徴があるのかを表すことに力を注ぐ。あこがれの高級車なのか、カジュアルで気軽に乗れる車なのか、各々の特徴をはっきりと区別化することが大切だ。

背景で車のイメージを表す

背景をなくして、切り抜き写真にするとカジュアルなイメージが表れる。一方、背景を大きく残すと車を取り囲む情感が伝わり、高級感や趣味性の高さが表れる。車のイメージは、背景を残すか、切り抜きにするかで一転する。

控えめな文字情報で高級感を表す

価格や車の性能などを小さく控えめに表現すると静かに車の性格や特徴が伝わるようになり、高級感が暗示される。また、余白を広めにとり、車を静かに見せることでも高級感が表れる。

緻密な文字組みで上品に

本文の文字を小さめにした緻密な文字組みにすると、文字の量が多くても上品で格調高いイメージが生まれる。反対に、キャッチフレーズや性能、数字を大きく表し、粗削りな組み方にすると実用感、お買い得感が強くなる。

コミカルな印象をつくる対比

車と、ローンの数字を包んだ円を左右に対比させ、配色でも青と赤の対比を強調して、コミカルなイメージをつくる。

淡いグラデーションでスマートなイメージを表す

淡いトーンのグラデーションは優しく穏やかなイメージを表す。緻密な文字組みと広い余白で上品な格調を表すことで、ゆとりのあるスマートなテイストが表現できる。

配色と切り抜き写真で楽しいイメージ

切り抜き写真と明るく開放感のある配色にすると、気軽でカジュアルなイメージが生まれる。主役の黄色い車を、背景の青（反対色）で引き立て、さらに、緑やオレンジを加えた全色相型配色で気軽なイメージをはっきりと伝える。

説明しないほど
高級感が表れる

説明文を小さな文字で組むと、メカニックの精巧なイメージが強調される。控えめな配色、白と黒による強めの明暗コントラスト、肉太のタイトル文字を添えると男性的イメージが加わり、この車の性格がはっきり表れる。

様々な楽しいスナップ写真を組み合わせることで、この車を入手した結果、どんな世界が広がるかをイメージさせる。

スナップ写真で
車の楽しさを表す

激しい表情の雲を背景にしたハードでドラマチックな情景が、車のテイストを際立たせる。

趣味性を
ドラマチックな光景で表す

背景で性格を
表現する

どのような背景かによって車の性格がはっきり表れる。

左：乗り心地の優しさを穏やかで広々と続く背景で表す

右：車の頑丈さを、厳しい自然の背景写真で暗示する

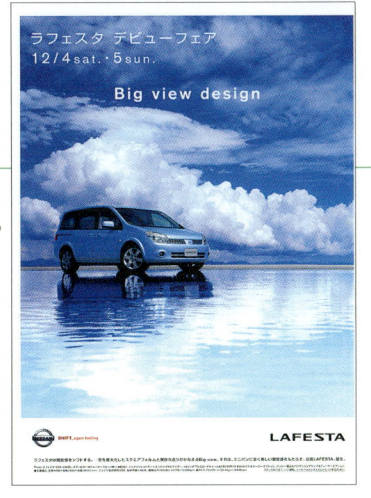

135

業種別に見るチラシデザインの表現

マンション・住宅

▶信頼●P.54　格調●P.76
▶男性●P.98

立地が売りの物件
マンションや住宅には使用価値と資産価値がある。周辺環境などによって得られる住み心地のよさ、便利さなどの使用価値、そして、いざというときに換金できる資産価値だ。資産としての立地を強調すると実質本位の堅実なイメージが生まれる。

俯瞰的な航空写真で見る
航空写真で所在地を客観的に証明するとイメージに流されない、実質的で堅実なイメージが生まれる。一方、その土地にスポットライトをあててドラマチックに表すことで、クールで客観的になりすぎるのを補い、参加感を表す。

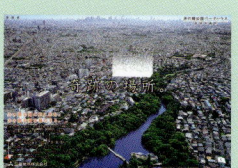

基本は航空写真
土地にウエイトがある

一家の主はお父さん
情緒性や趣味性を強調する写真を避けて、もっぱら土地の価値を強調する。このタイプの表現は、一家の主として資産を預かるお父さんの共感を集める。将来に向けて安定した実質的イメージが表れ、一家の主を安心させるからだ。

航空写真で資産価値を客観的に表す
土地を上空から見下ろすと理性的な客観性が表れる。航空写真や緻密な地図を用いることで、資産価値が客観的に証明されるイメージが生まれる。反対に、土地や建物に接近し、見上げる角度で撮ると主観的で情緒的に見える。

建物のアップ写真で力強さを補う
航空写真だけでは理性的すぎて、その土地に住むという実感が弱いので、建物をアップで撮った写真で現実感を補う。理知と感情の両面から説得するわけだ。

Good 堅実さと夢のバランス
航空写真＋建物のイラストで資産価値＋住んでみたいと思う、2つのイメージを同時に表す

理性と実感に訴え完璧な堅実さを表現
堂々とした特太文字で地名を表し、航空写真で立地を客観証明する。さらに、建物を下から見上げる角度で撮った写真で現実的な存在感を力強く補う。理性的な航空写真と実感を表す建物写真の両面で、バランスのとれた堅実さが表れた。

NG 室内のインテリア写真は使用価値を表し、内向的な癒しを表す。しかし、航空写真をはずしたために客観性が消え、資産価値が伝わらない

建物と環境を一体化して資産価値を見せる

大空を背景にしたマンションの遠景は建物と環境を実証的に表し、堅実さをイメージさせる。また、一枚の大写真なので高級感が表れる。

建物がはっきり写った航空写真

資産証明と環境証明を同時に表すユニークな表現。

複数の写真で判断材料を増やす

慎重な大人しいお父さん向けの表現
様々な角度からの写真を見せると判断材料が増えて資産価値の有無が総合的に判断できる

構造写真で実用と情緒の両面を表す
建物の構造写真は、資産価値の証明と住む人の気持ちを取り込む内向の両面がある。バランスのとれた多角的な組み合わせで堅実さを表している

マンション・住宅

業種別に見るチラシデザインの表現

➡ 格調 ● P.76　　ゆとり ● P.80
　 自然 ● P.82
➡ 高級 ● P.92

緑を強調すると情緒と高級感が表れる

住宅を取り囲む庭園や周辺の並木は落ち着いた情感を表し、高級感や上品さを暗示する。
建物の全体写真は現実的な使用価値を示すのに対し、自然は物件の背景にある歴史や精神的な満足感を表し、格調の高さをイメージさせる。

自然の写真は精神性の豊かさと格調の高さを表す

深い緑の重厚なトーンの写真は高級で格調高いイメージを表し、開放的な緑のある景色は穏やかで静かなイメージを添える。

自然写真は大きくするほど高級感が表れる

建物写真は即物的で現実的な価値を表す。建物写真を大きくして、自然の写真を小さくすると情緒性が減って、実用性が強まる。自然の写真を大きくして建物全景を小さくすると、高級なイメージ、そして落ち着いた印象が強くなる。

書体は肉太の明朝体がよく似合う

歴史のある重厚さを表すには特太の明朝体がよい。明朝体や隷書体は筆描きの温かい自然のイメージがある。また、特太の書体のゆったりとした印象が物件のイメージを盛り上げる。
細みの書体は繊細すぎて頼りないイメージに、ゴシック体は理性的すぎて歴史や情緒に似合わない。

後楽園	後楽園	後楽園
特太明朝	細明朝	太ゴシック

大型写真が高級感を表す

4枚の風景写真を、ぴったりつないで一枚写真のように見せると、一枚写真の効果と同じ情緒性が大きくなる。そして、超大型の一枚写真は大きいだけで高級感を表す。

水辺と緑の大きな写真がゆとりを表す

遠く広がる水面と緑の光景がゆったりとした落ち着きを表す。情緒のある静かな住環境が暗示される。

Good 風景写真が表す高級感
大きな風景写真で住環境の良さと高級感をアピールする

Good 堅実なイメージに変わった
風景写真を小さくして、建物写真をメインにすると実用性が表れ、堅実なイメージになった

NG 風景写真がなくなると実用的すぎる
風景写真をなくすと実用性だけが表れ、住む楽しみやゆとりが消えて、つまらないイメージになる

138

Good

格調の高さと堅実さのバランスをとる

大きく広がる一枚写真が格調のある情緒性を表す。一方、下辺に小さめに建物の全景写真をおいて実質的な資産価値を証明させ、住むときの精神的満足感との両面をバランスよく表している。

NG 資産価値の証明が欠ける
一枚写真を最大にしたら情緒性が最大になり、堅実さはほとんど消えてしまった。資産価値を証明する建物全景が小さくなったからだ

NG ファミリー型に変わる
元気で明るい印象の家族写真を大きくしたら、高級感が控えめになり、ファミリーでカジュアルなテイストにかわった

NG 高級感がなくなる
メイン写真を整然とした角版から、建物全景を大きくした切り抜き写真にしたら、情緒性が弱まり、実用的なイメージに変わった

139

業種別に見るチラシデザインの表現

マンション・住宅

▶ ファミリー ● P.102
デイリー ● P.104

ファミリーのイメージは家族の写真で表す

自然でファミリーな穏やかさは、家族の写真で表現される。物件の実質的な堅実さや周辺の緑で住宅の全体像を見せ、これに家族の写真を添えると肩のこらない自然な癒し感が表れる。家族写真は小さく添えるだけで十分に優しさを表す。大きくしすぎるとカジュアルすぎて住宅としての価値が弱まり、信頼できないイメージにかわる。

主な条件
家族の写真
自然の中の建物

基本レイアウト

家族+犬=理想の姿

家族+犬は理想のファミリー表現

家族の写真は大きくする必要はない。小さくても後ろ向きでも十分に穏やかな情景が表現される。子犬連れの手をつないだ家族の写真はそれだけで幸せな情景を表す。

地図と写真で実在を証明する

不動産の広告には実在証明が重要だ。実際にあることは実景写真と地図で表せる。航空写真やていねいな地図は堅実な実在を証明し、あっさりしたスマートな地図はスタイリッシュで都会的な実在感の証明になる。建物全体の写真は背景を多めに見せると実在感が高まって堅実なイメージになり、背景を消すと現実感が弱まる。

Good

バランスのとれたモチーフの組み合わせ

紙面上のモチーフは資産価値を表す建物全景と使用価値を表す人物、開放感を表す緑の3点が盛り込まれ、バランスがとれている。余白を多めにしたことで、ゆとりのあるファミリーの理想像が表れている。

NG 夜景は内向的な情緒感が強すぎて、日常的な明るさがなくなり、ファミリーな穏やかさが消える

家族のイラストで親しみを表す

家族のイラストがコミカルで親しみやすさを表現している。家族の様子は実景写真でもイラストでもファミリーのイメージが表れる。

昼と夜を見せて購買層を広げる

外観だけでなく内装や夜景を様々な視点で見せる。複数の写真でイメージが広がり、購入層が広がる。

140

Good

バランスのとれた堅実さ

建物全景で実用性、環境写真で開放感、家族写真で精神的満足感を表すバランスのよい構成になっている。堅実で、かつ、肩のこらない楽しさがあふれている。

NG 人物を大きくしたら
カジュアルで楽しくなったが、堅実さが弱まり、商品（住宅）との距離もできて現実感が弱まった

NG 建物を大きくしたら
資産価値がクローズアップされ押し付けがましい印象になった

外観と内部を見せて安心感を表す

内装写真は使用満足感を表し、自分がその中にいるようなゆったりした気持ちになり、商品と見る人の気持ちを同化させる効果がある。

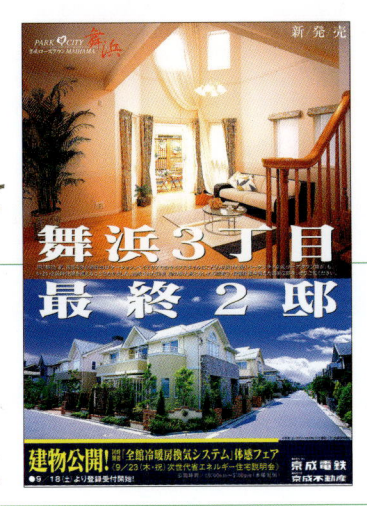

構造を公開することで安心感が表れる

マンション・住宅

業種別に見るチラシデザインの表現

➡豪華●P.72　こだわり●P.78
➡スタイリッシュ●P.103
　ドラマチック●P.105

都会的なライフスタイルはインドアとファンタジックな風景が決め手

都会的な表現には、日常生活と離れた幻想的でドラマチックなイメージと知性的でスタイリッシュなイメージの2つがある。
ドラマチック派は日常性を消した夜景の美しさをモチーフにし、スタイリッシュ派は内装写真を大きく扱う。

主な条件
- 鮮やかな色味を避ける
- モノトーンの配色
- 知的な静けさ

基本レイアウト

資産価値表現を抑える

都会的なスタイルは趣味性の強い内向的世界なので、堅実なタイプのような資産価値を暗示する建物全景を避ける。また、明るい昼光で撮られた建物は健康的な日常感を表すので、内向的な都会派のテイストには不似合いだ。

文字情報を少なく緻密な組みに

文字による説明は極力抑える。文字を大きくはっきり表すと実用感は強まるが、情緒性が弱まりドラマチックな印象がなくなる。説明文を小さな文字で組み、緻密なイメージを表すと上品で静かな情緒性が浮かび上がってくる。

Good

ドラマチックな幻想世界
青一色に包まれた宵闇の中で川面に映る光と遠景の小さな光が幻想的でドラマチックな風景を提供している。

NG 昼の風景ではドラマ性は表せない

夕焼けの空は同系色で幻想的
夕闇迫る山脈と、ロマンチックな演出のされたベランダが、同系色の配色で非日常的なイメージとなって表れる。また、小さく建物全景を添えることで現実感を少しだけ補う。

あり得ない幻想世界
青に統一した遠景の建物群の前に人魚が横たわる。ドラマチックで幻想的なイメージを表す。

ひと気のない写真＋小さな文字

人物は登場させず、小さな文字を使い、タイトルの大小差も少なくして静けさを表す。黒い面で小型の角版写真の水平垂直を引き立たせ、形を引き締める。色味を抑え、自然を暗示させる緑も控えめにする。徹底的に人工物にスポットを当て、インドアなライフスタイルを提示する。

水平垂直で知性を強調する

ひと気のない理知的で静かなレイアウト。水平線が印象的な正方形の写真がこの様子をよく表している。白と黒の抑制の効いた配色に、微暗色の赤がアクセントをつくり、生き生きさせている。

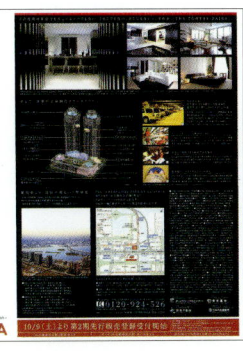

暗いトーンの一枚写真で趣味性の高さを表す

室内写真を暗いトーンの一枚写真にすると、それだけで高級感が表れる。一方、価格表示をはっきり目立たせることで実用感を補っている。

鮮やかな色を抑えて都会的に

文字や図による情報量が多いので役立つ感じがあるが、小さな文字で統一した文字組みで整然としたスタイリッシュなテイストを生んでいる。

不動産仲介業

→ 信頼 ● P.54　安心 ● P.56

業種別に見るチラシデザインの表現

大情報で役立ち感を表す

不動産仲介業の基本は情報量の多いことだ。住宅情報をわかりやすく、豊富に提供することで、役立ち、信頼感のイメージが生まれる。

基本レイアウト

- 主な条件
- 大量の情報
- すっきりしたレイアウト
- 青主体の配色で実用感

信頼を獲得する4つの要素

仲介業は信頼性が生命だ。不動産は自分で確かめることが難しいので仲介業への信頼感が頼りになる。少しでも不信を感じとると避けられてしまう。信頼感を築くために不可欠な4つの要素がある。この4要素をしっかり示すことで、自然に信頼感が生まれる。

1. 間取り図で安心感—すっきりと整ったわかりやすい間取り図が安心を生む
2. 物件写真で証明—写真は実在証明の基本。抽象的なイメージが写真によって具体的になる。
3. 所在地図で信頼感—わかりやすい地図があると「いつでも公開しています」というメッセージが伝わる。
4. 笑顔で親しみ—笑顔は小さな写真でも十分だ。親しみやすく気軽に相談できるイメージが生まれる。

1. 間取り
2. 物件写真
3. 地図
4. 笑顔

力強さとていねいさが信頼を生む

間取り図は色分けしてわかりやすく示され、所在地図はかなりていねいに表されている。見る人が知りたい情報をはっきり、素直に示すことが信頼感を生む。
力強い印象を与える、少し強めな焦げ茶のワク線と地図の線の圧迫感がやわらいでいるのは、地色と地図の淡いトーンの効果。

多くの説明写真で住み心地のよさをアピール

内装を大きく表す写真で物件の特徴をイメージづける。外観全景を大きくすると資産としての客観的価値を印象づけ、内装は精神的満足度に自信があることを表す。

わかりやすい地図が信頼感を高める

イラストの建物全景は少々リアリティーに欠けるが、地図と間取り図の表現がていねいな描き方なので信頼性が守られている。

ゆったりとした白地でゆとりを表す

白地スペースを広めにとると、ゆとりのある落ち着いたイメージが表れる。一方、各データを整然と配置して堅実さを表している。

笑顔が安心感を伝える

笑顔は親しみと安心を与える。さらに、人間の顔写真は無言のうちに責任の証明を暗示する。人物の大きさは小さくても十分に効果がある。同じ人物を繰り返して使うと、親しみだけでなく他社との差別化が生まれる。

保険

→ 信頼 ● P.54　安心 ● P.56

堅実で親しみやすい表現が安心を表す

保険業に求められる基本イメージは堅実。これに親しみやすさが程よく加わると安心感が生まれる。堅実さは十分な文字情報と力強い配色で表せる。さらに、笑顔を控えめに加えて親しみを補う。

基本レイアウト
- 主な条件
- 小さな文字
- 詰め込まれた情報
- 力強い配色
- 人物写真

文字情報を十分にはっきり表す

十分な文字情報をはっきり表すと堅実で元気なイメージが表れる。少ない文字量、小さな文字にすると保険業に大切な役立ち感がなくなり、信頼できないイメージになる。

笑顔は適度な大きさにとどめる

笑顔の人物写真は精神的満足感を表し、安心感を証明する。しかし、大きく扱いすぎると堅実さがなくなってしまう。

力強く、無駄のない配色

はっきりと力強い配色が保険業に必要な安心感を表す。ソフトな淡いトーン、渋く上品なトーンが大面積を占めると頼りないイメージになってしまう。
反対色、準反対色の力強い組み合わせが堅実さを表す。内向性を表す同じ色相だけの組み合わせや、カジュアルな全相型の組み合わせは信頼感を低下させる。

反対色相の組み合わせ 　　近い色相の組み合わせ

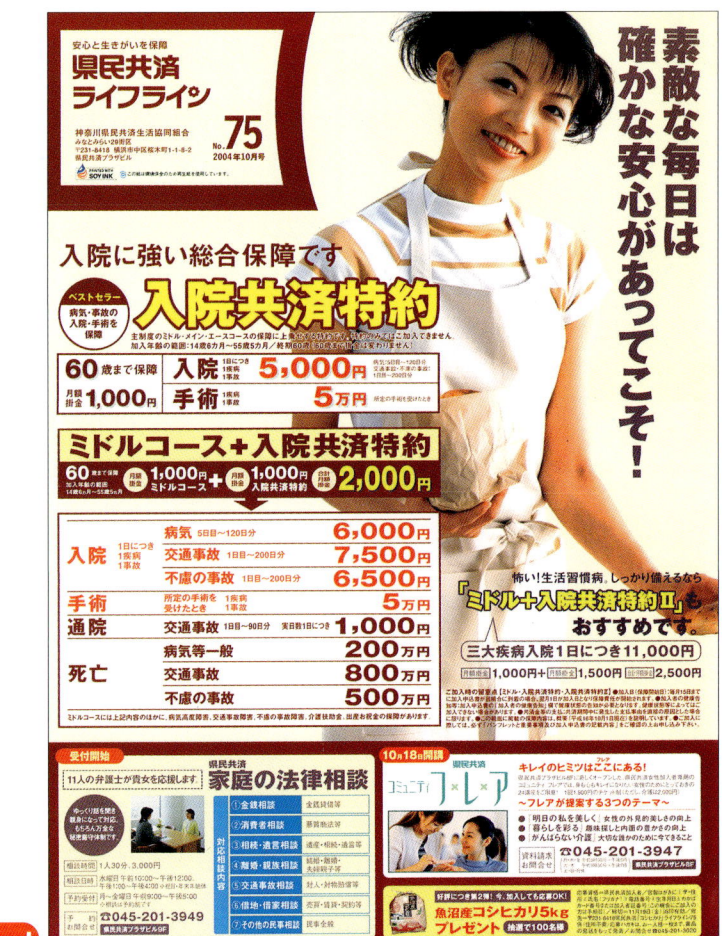

Good

バランスのとれた安心と信頼

十分で力強い文字情報に程よい大きさの笑顔の写真が添えられ、堅実で親しみやすい表現が完成している。配色も温かく力強い茶色をベースに鮮やかな赤、青、黄色で生き生きさせる。

Good　大きすぎる笑顔の写真
大きな笑顔の写真が優しいイメージを生むが、情報量が少なくなった分、堅実さがなくなり頼りない印象になった

NG　人物なしでは安心感がない
笑顔の人物写真がなくなると素っ気なく、堅苦しい印象に変わった

業種別に見るチラシデザインの表現

通信

→ 安心 ● P.56　爽やか ● P.86

爽やかで堅実な表現が信頼を呼ぶ

通信業の基本イメージは理系の工業力だ。これに親しみやすさと役立ち感が加わると信頼感が生まれる。

理系の理性的で明快なイメージは青を中心とした配色で表す。これに目立つ文字情報と図解を添えると堅実な役立ち感が最大に表れる。

笑顔で安心感を補う

青の配色と大量の情報で理性と堅実さを表したら、笑顔で親しみやすさを加える。これで、役立つが堅苦しいイメージになりがちな通信業が、身近で親しみのある存在になる。

文字は太く元気よく

文字を太く大きくすることで、開放感と積極性が表れる。小さく組むと、上品だが冷たいイメージになる。

雪だるまが身近なイメージをつくる

濃い青空は力強さを表し、ビジネスに対する自信を暗示する。一方、雪だるまが、身近な親しみやすさを表し、メカニックに弱い人も入り込める案内役になっている。

NG 背景を赤にすると爽やかさがなくなる

Good

笑顔が安心感を表す

笑顔はどんなときでも安心感を表す。面倒な説明文も笑顔を添えると役立つ、信頼できる情報に変身。詰め込まれた冷たい情報も、熱心で積極的なイメージにかわる。

青と黄の配色が爽やかで親しみやすい

明るい青と鮮やかな黄色の組み合わせが爽やかさを表す。大きくはっきりとした文字組と図解の組み合わせで堅実さを表現。

学習塾・予備校

➡信頼 ● P.54　ゆとり ● P.80
➡若者 ● P.101

業種別に見るチラシデザインの表現

低学年向け学習塾は優しさをメインに表す
学習塾やカルチャーセンターは目的によってイメージ表現が変わる。受験予備校は力強く堅実なイメージ、趣味の教室は癒し感や華やかさ、低学年向けの学習塾では、堅実さに優しさを加えた表現がよく似合う。

優しさは淡いトーンで表す
淡いトーンは優しさを表す。青で、低学年の生徒にも優しいイメージと同時に、理性的な程よい落ち着きが表れる。

文字情報を少なくして写真を大きくする
文字情報を少なくして余白を多くし、写真を大きくするとゆったりした落ち着きが生まれ、低学年の児童にとって優しいイメージになる。強い配色でも、色面の量を少なくするとハードさが和らぐ。

文字情報は多く、タイトルは特太
文字情報を多くするほど堅実さと役立ち感が表れ、キャッチフレーズを思い切り大きく、特太にすると元気が出て頼れる印象が表れる。

写真は中くらいの大きさ
写真が大きすぎると癒し感が強くなり、小さすぎると無表情になって見る人への訴求力がなくなる。写真は、講義中の教師や鉛筆をもつ若者といった教室を連想させるものが共感を集める。

背広姿の講師の写真が堅実さを表現

青を効かせた対立色相で配色
青を紙面のどこかに効かせると理知的イメージが表れる。色数は絞り込み、反対色を印象強く見せると、無駄のない堅実な印象になる。

優しさとがんばりを両立させる
文字の大きさを少し控えめにして余白も広くとると、右ページの受験校のような迫力が弱められ、余裕と優しさが表れた。一方、青と赤の強い配色で頑張りのイメージを表す。

淡いトーンで優しさを表す
淡いトーンの青は小〜中学生にふさわしい、優しいイメージを表す。文字も小さめにして、力強く迫るイメージを抑えている。

ピンクで女性向けカルチャースクールに
ピンクは女性専用の情報であることを暗示する。少しグレーの入ったトーンで落ち着いた女性向けであることを表す。一方、下辺に文字情報を詰め込んで役立つことを表す。

148

NG
同系色では力強さがでない
青の反対色の黄色や赤をなくしたら活気のない、内向的なイメージにかわった。反対色の黄色が紙面に力強さを生んでいたことがわかる

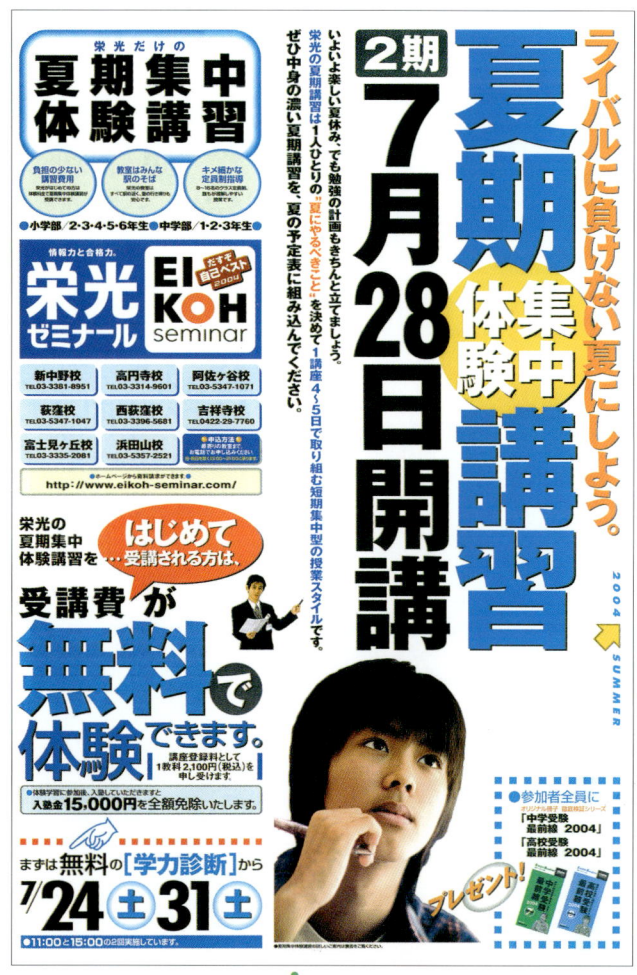

Good 堅実と信頼感
青を効かせた配色、肉太の文字、真剣な表情の写真など堅実で信頼できるイメージを強調

若者の真剣な表情が信頼感を表す
受験校の典型的な表現。真剣な若者の姿で、頼れるイメージがはっきり表れている。肉太のタイトル、青と赤の配色が堅実さを強調する。

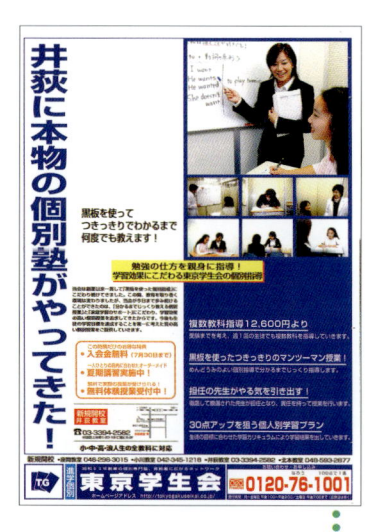

先生の姿で信頼感を表す
濃い青が役立ち感を表す。一方、教室内の笑顔の人物写真が表す親しみで青のトーンによる少し堅さのあるイメージを和らげている。

笑顔は安心を生む
笑顔の顔写真を大きくすると、親しみや優しさが強くなる。文字量が多いので優しさに流れすぎず、役立ち感が失われない。

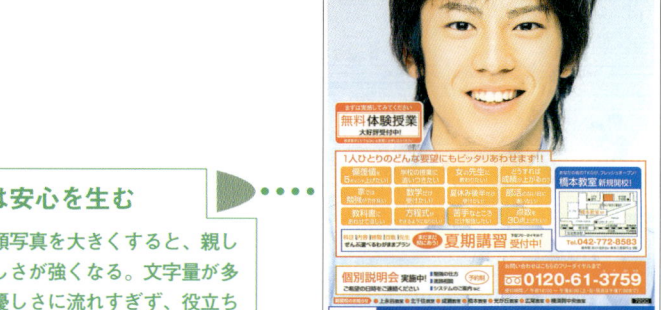

149

フィットネスクラブ

→ ゆとり ● P.80　自然 ● P.82
→ 女性 ● P.99　知的 ● P.106

健康を爽やかに表す

フィットネスクラブの基本テイストは役立ち感と爽やかさだ。高級感やスマートなイメージを表す場合も役立つイメージの表現が欠かせない。文字情報を多めにすると役立ち感が表れ、フィットネス中の生き生きした写真が参加したい気持ちを強める。

力強さよりも癒し系表現が主流

健康は力強さを連想させるが、あまり力強すぎると爽やかさがなく共感を呼ばない。優しく癒し感のある色使いと女性の写真で健康を表す。

主な条件
- 明るいトーン
- 自然な女性の姿
- 大きな写真

基本レイアウト

フィットネス中の写真を大きく見せる

フィットネス中の人物写真は、見る人を明るい気持ちにし、参加しているような気分にさせる。人物のポーズはフィットネス中であることが絶対条件。単なる笑顔では参加感が生まれない。

配色で元気さと爽やかさを表す

明るい赤やオレンジが元気を表す。白地を効かせた青を添えると爽やかさが強調される。白地は特に大切で、画面のどこかに必ず白地をつくる。写真の中のシャツの白さでも、あるだけで元気な爽やかさが表れる。

業種別に見るチラシデザインの表現

カラダの春仕度はじめましょう。

ナチュラル系

気取らない表情と気持ちのよさそうな服装の写真は、見ているだけで癒される気分になる。余白を多くし、文字を少なめにすると上品な優しさが表れる。視線は正面を向かずに、そらすことで雰囲気がやわらぐ。

Good — 元気で爽快なテイスト

白いランニングシャツと笑顔が爽やかな元気さを表す。配色も青をベースに、純色を散りばめて開放感を出している。

NG — 笑顔だけクローズアップすると業種表示が曖昧になる

150

強い配色は元気

鮮やかで強い配色が元気を表す。また、写真を切り抜きにすることで親しみを表し、白地を多くとって爽やかさを保つ。強い配色の写真をアップにするとくどくなりすぎる。

男性主役は少数派

男性モデルは力強く、パワフルなイメージが全面に表れる。しかし、強すぎてフィットネスで得られる優しい癒し感を表現しづらいので少数派の表現だ。

優しさと役立ち感を両立させる

文字量を多くして左右揃えに組むと堅実なイメージが強く表れる。一方、大型写真で優しい癒し感を表す。

写真を増やすとお手軽な感じに

写真を大きくして点数を少なくすると落ち着きと高級感が表れる。反対に、点数を多くするとカジュアルでお手軽な実用感が増す。

写真点数が増えるほど身近に感じる

カット数が多いと、自分も参加している気分になれる。

エステティック

→ **実用的な** ● P.52
　　華やかな ● P.70
→ **女性** ● P.99

美しくなる夢と
実効性証明を両立させる

夢と実用の両面を証明するとエステらしい表現が生まれる。夢は、女性の大型写真の華やかで優しいトーンで表し、実用性は大量の文字と図解的な工程写真、説明図で表す。

主な条件
- エステ中の写真
- 多めの文字情報
- 淡いトーン

基本レイアウト

大型写真でエステの
美しさの効果を表す

美しく気持ちよさそうな表情の女性写真を大きく見せて、エステの効果を情緒的に表す。明るくソフトなトーンで、現実感を消して女性の夢を描く。

実効性は大量の文字と
説明図で表す

多くの文字情報、さらに施術方法を示す工程写真や説明図で、エステの実効性を証明する。

配色で女性らしい
優しさと開放感を表す

淡いトーンは甘く優しい女性らしさを表す。このトーンは、暖色のピンクや黄色でも、寒色の青でも優しさを表す。一方、鮮やかなトーンを加えると元気さ、若々しさが表れる。しかし、全面を鮮やかにすると激安表現に近づき、優しさがなくなる。

落ち着きとこだわりの
イメージ

同系色は落ち着いた穏やかなイメージを表す。本体の赤を微かに暗色にすると特別のこだわり感が表れる。配色によって穏やかでこだわりのあるイメージが生まれ大きな一枚写真で高級感が見せる。文字や説明図は左下に集め、役立つイメージもしっかり伝える。

優しい上品さを
強調する

緻密な文字組みは上品なイメージを表す。説明文を小さくして形を整えると落ち着いた静かな印象が生まれる。ゆったりした大型写真と組み合わせると上品で優しい表情になった。

淡いトーンで女性の夢を表す

淡いトーンで女性らしい優しさを表す。鮮やかな純色は最小に抑え、非日常的な夢の世界を壊さない。十分な文字情報が役立ち感を表す。

NG 役立つイメージが弱まり、信用できない印象
文字情報を少なくしたら実用感が消え、お買い得感もなくなってしまった。エステには大量の文字情報が不可欠だ

Good 優しさ＋役立つイメージ
淡いトーンの色使いと、堅苦しくない適度な文字情報量で、女性らしいイメージと役立ち感が出ている

夢よりも価格で勝負もOK

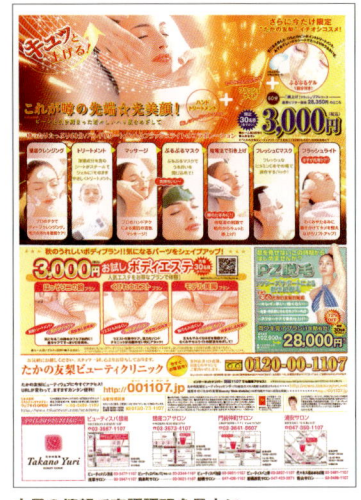

大量の情報で実証証明を最大に
文字情報や説明的な写真がいっぱいの紙面で見る人を納得させる

激安エステの限界表現
大きな価格表示と強いトーンで激安感を表す。スリムな女性や星形を散りばめてエステらしい夢を表す

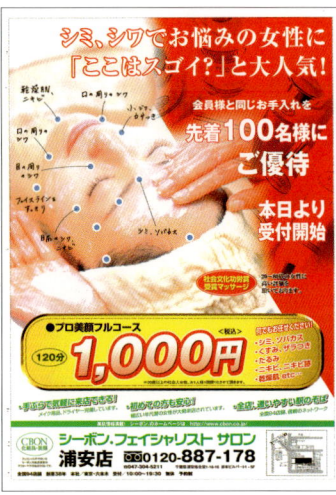

夢と実用性を表す
ソフトで明るい顔写真のトーンと鮮やかな料金を組み合わせて、夢と実効性の両面を表す

153

パチンコ

→ 迫力 ● P.66
→ 男性 ● P.98　若者 ● P.101

**パワフルな幻想感が
パチンコ店らしい**

パチンコ店のチラシデザインは、一般的な業種と正反対だ。日常感をまったく消したパワフルな幻想感が別世界に誘う。劇画風の激しい配色と絵柄で非日常的な幻想世界を表す。

主な条件

アニメ風のキャラクター

コントラストの強い配色

幻想的な背景

基本レイアウト

**パワフルな色で全面を
覆って白地をなくす**

激しい色使いがパチンコ店らしさを表す。鮮やかで下品な紫や赤、黄色、異様なイメージの黒地の背景でもパワフルになれば何でもありだ。
避けたいのは、白地を多く残すことと、淡く弱々しいトーンが大面積を占めることだ。気持ちをしらけさせてしまう。

**特太キャッチフレーズで
大音量をイメージさせる**

超特大の特太文字で大音量をイメージさせ、にぎやかで活気のある別世界に誘う。小さいタイトル、細いタイトルでは気分をクールにさせ、ワクワクする気持ちに水をかける。

**絵柄は劇画、
コミックテイスト**

絵柄は劇画タッチがいい。人物写真の表情もコミック誌を連想させる明るく元気な表情がよい。

**激しい配色と
特大文字で気分を煽る**

特大文字を重ねて、大音量が重なり合うイメージを再現する。激しい色がぶつかり合う異形さが、パチンコ店らしくかえって好感を持たれる。

紙面いっぱいに描かれたキャラクター、鮮やかな赤、青、黄の3原色の配色でコミカルで陽気なイメージで来店をうながす。

コミカルで陽気な表現

**開放的で
元気のでる表現**

鮮やかな色とコミカルな絵柄で元気いっぱいな印象を表す。マンガ雑誌の表紙のように、これ以上絵柄が詰め込めないほど熱いイメージ。

夜空に浮かぶようにキャラクターを散らして楽しさを表す。中央から四方に放射する光で幻想性を盛り上げる。

キャラクターを散らして好みの台をアピール

黒の背景は神秘的な暗黒の世界を表し、鮮やかな黄色や赤が激しいエネルギーの固まりを表している。

黒の背景でパワーを表現

幻想世界の表現

赤の同系色だけの配色で描いた光景は不気味でドラマチックだ。反対色の緑がドラマチックさをより強く印象づける。

その気にさせるパワフルタイトル

右上がりに傾けた特大のタイトルを鮮やかな赤で縁取ってオープンらしい活気を表す。キャラクターは下辺に集めてタイトルをすっきり見せている。

白バックでは勝負の気分がでない

鮮やかな配色と特大のタイトル、あふれる図柄で、パチンコ店らしいパワフルなイメージがでている。
白地は気持ちをしらけさせるので使うとしても少量にとどめる。堅実さや実用感をイメージさせる白地は、ドラマチックな気分をなくす。

Good

NG　白地は気持ちをしらけさせる

155

業種別に見るチラシデザインの表現

エンターテインメント

⇒華やかな ● P.70
⇒男性 ● P.98　女性 ● P.99
　高齢者 ● P.100　若者 ● P.101

ドラマチックな表現が共感を呼ぶ

エンターテインメントの特徴は非日常性だ。その表現の幅は広く、激しいドラマチックな異形から、華やかできらびやかな世界、静かな癒しの時間まで、あらゆる非日常のテイストが表現される。

視覚性を最大にし、文字は少なく

文字情報を抑え、写真やイラストをメインにするとエンターテインメントにふさわしい精神性重視のテイストが表れる。文字を多くして大きく目立たせると情緒性が弱まり、子供向けのコミカル劇限定の表情になる。

レイアウト様式は幅広く、完成度で勝負

エンターテイメントのチラシやポスターの造形性は、他業種に比べ、際立って完成度が高い。他の商品と違い、チケットを購入するかどうかを決めるのは、価格の安さや性能、仕様といった実用的要素ではなく、精神的満足度にあるので造形的完成度がチケット購入の決めてになる。

配色表現は幅広く、テイストに合わせて選択

一般的業種と違い、配色に制限がないので、かえって選択が難しい。めざすテイストにぴったりした配色を選択すると最も好感を持たれるチラシができ上がる。

落ち着きと自由さの両立
オレンジのタイトルは右に、下辺の文字群は左に寄せてバランスをとる

鮮やかな色面が華やか
レイアウトで穏やかさを、鮮やかな色面で華やかさ表す

静かな内面性
垂直方向への静かな流し組み。青緑系の同系色で内面的な静けさを深める

赤の色面で中心をつくる
自由な配置の人物写真を、中央の赤の色面がシンメトリー性を強め安定させる

大人向けは穏やかに
文字組みも写真も水平性を生かし、穏やかで静かな情景が強調される

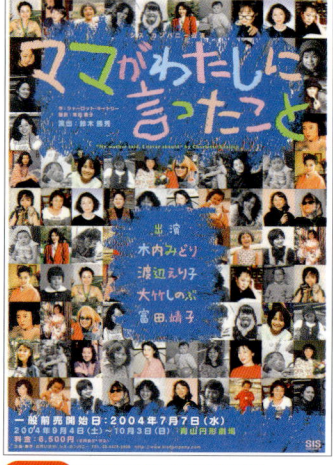

Good　子供向け表現には大情報
顔写真を最多にするとにぎやかで、開放的になる

NG　小情報は開放感がなくなる
元図にあったにぎやかさが消え、しんとしてしまった

水平と垂直の対決

本来は水平方向だった体を垂直に並べてビジュアルスキャンダルをつくり、文字は水平方向だけに組んで対決させる。

a赤のタイトルと黄色のタイトルを水平垂直で対決させる。右側はすべて水平方向に統一し、左側は垂直で統一する。

水平、垂直の対決

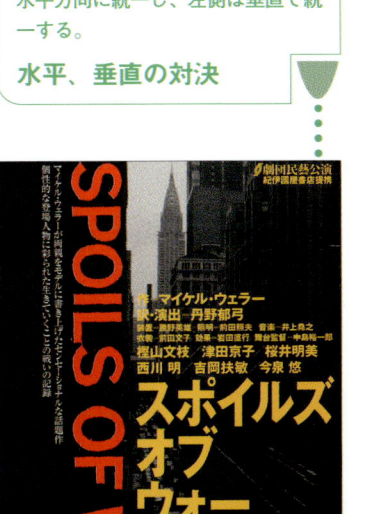

伝統感に自由さを加える
暗色の背景と写真で伝統を強く表し、レイアウトはシンメトリーを少し崩して自由さを表す。狂言のもつ伝統と自由さの両面がバランスよく表れている

大小、左右の対決

赤を背景に、右半分に黄色の大きなタイトル、左端には小さな縦長の文字組みをおいて左右対決をつくる。

堂々とした静粛さ
堂々としたポーズの人物をシンメトリーに配して、ゆるぎない厳粛な伝統感を表す。小さめな文字組みがシンメトリーの絵柄を邪魔しないように配列されて華やかさを加えている

歓迎感とこだわりの両面を表す

余白がないくらいに絵柄や文字で埋めつくすと元気な歓迎感が表れる。配色は赤と黒にこだわることで内向的な世界をイメージさせ、エンターテイメントのもつ内面性を表す。

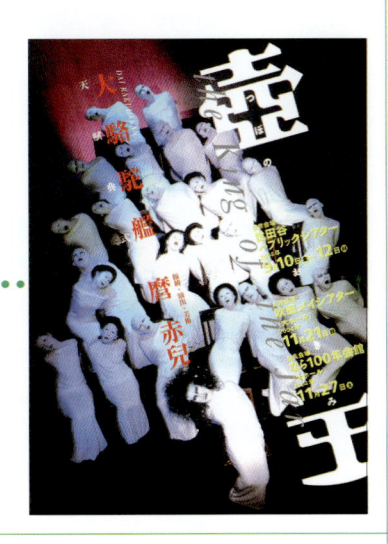

157

■編集後記

チラシは社会を映すアーカイブ（公文書）だと思う。各地から集められ小山のように積まれたチラシ群（オーバー？）を整理してゆくと、いまの日本に生きる様々なコミュニケーションの形が浮かんでくる。
先日から、東大の大学院で収蔵している古いアメリカのポスター600余枚のデータベース化に協力している。大量なので、自然に当時のアメリカ人の考え方が滲み出て面白い。編集室に戻ってチラシをみると、貴重なアーカイブと二重になってみえる。
（内田広由紀）

学生の頃、デザインの課題で講評会があった時、先生がある子の課題を見て「これ、なんかいいよね」と言った。クラスのみんなは「うんうん」とうなずいたり、「えー」と言ったり反応はさまざまだったが、私はその良いも悪いもわからず不安になった。今思えば、みんなそれぞれに配色やレイアウトのものさしを持っていて、いろいろ意見を言っていたんだろう。あの時、このUCSがあったら良かったのに〜と思う。手前味噌ですが。
（池上 薫）

小社は今年創立30年。この本が185冊目なので、単純計算すると発行点数は年間7冊に満たない超スローワークだ。『…情報は毎日変化するというのは誤解です。情報は変わらないが私（人間）は変化する…』これは養老孟司さんの本の中の言葉です。チラシのように超ファストワークのものでも、デザインの使命は変わらない。スローな目で見て、たくさんの情報から大切なものだけを抜き出した本です、とはスローの言い訳にしか聞こえないか。
（早坂優子）

撮影／編集部

■HP（http://www.shikaku-d.com/lower/exp/ustop.html）
好感を呼ぶデザイン表現の仕組みを解く、Uエンジンの実験室があります。

目的別チラシデザイン

発　　行	平成17年（2005）6月23日　第1版
著　　者	内田広由紀
編集人	早坂優子
発行人	内田広由紀
発行所	株式会社視覚デザイン研究所
	〒101-0051
	東京都千代田区神田神保町1-36吉野ビル
	ＴＥＬ 03-5280-1067（代）ＦＡＸ 03-5280-1069
	振替／00120-0-39478
協　　力	光村印刷株式会社
製　　本	株式会社難波製本
スタッフ	上田亜紀　國末拓史　坂井聡一郎　曽我隆一　柳田寛之

ISBN4-88108-185-3 C2370

デザイン シリーズ

基本はかんたんレイアウト
内田広由紀 著　B5　144P　定価（本体2500円＋税）

良いレイアウトの条件とは、いかに受け手に情報を的確に伝えられるか。広告や雑誌などのレイアウトを見ながら、文章や図版をどう使うと効果的なのかがひと目で理解できます。

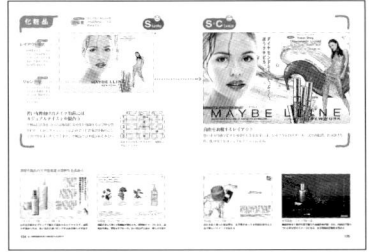

7日間でマスターする レイアウト基礎講座
視覚デザイン研究所 編　B5　144P　定価（本体1800円＋税）

レイアウトはセンスでやるものと思われがちだが、実は誰にでもできる。目的に合ったレイアウト様式を選んで、あとは形を整えるだけ。その方法を、図を通し詳しく説明する。

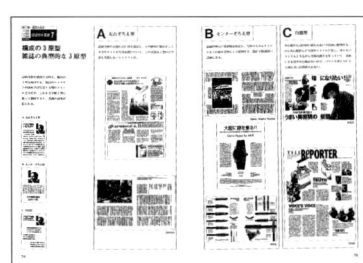

編集デザインの基礎知識
視覚デザイン研究所 編　A5　320P　定価（本体1800円＋税）

印刷物の企画から編集、制作、指定、発注、校正まで全ての印刷の基礎知識が身につく、編集者必携の一冊。具体的な資料と制作・進行マニュアルで、印刷物管理にすぐに役立つ。

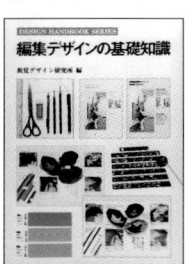

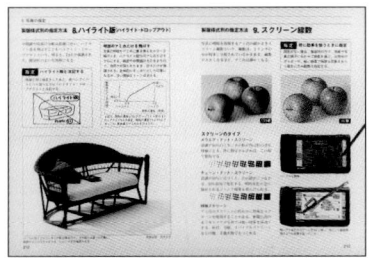

日本図書館協会選定図書

レイアウト事典・1
内田広由紀 編　B5　256P　定価（本体3500円＋税）

タイポグラフィー表現によるレイアウトの手法や原則を、身近な印刷物を例に詳しく解説。文字の使い方によるレイアウトの効果をさまざまなパターンで提示した。

日本図書館協会選定図書　全国学校図書館協議会選定図書

カラー印刷・初級
視覚デザイン研究所 編　B5　176P　定価（本体2500円＋税）

カラー印刷物を発注するときに必要な基本知識を解説。制作の流れ、原稿の指定方法が一目でわかる。色指定のできるカラーチャートと、色校正に必要な製版の見本付き。

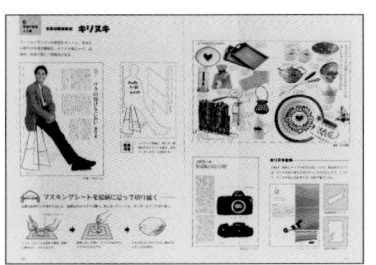

印刷・デザイン料金
コストを抑える発注と料金データ
視覚デザイン研究所 編　B5　224P　定価（本体3400円＋税）

広告、印刷物をつくりたい人のための制作料金ガイド。計算例を豊富に盛り込み、初めてでも、自分で予算を見積もることができる。納期や発注先の決め方などをわかりやすく紹介。

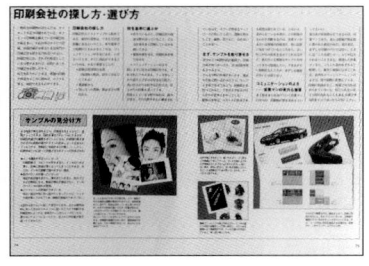

デザイン シリーズ

7日間でマスターする 配色基礎講座

視覚デザイン研究所 編　B5　144P　定価（本体2500円＋税）

美しい配色には理由がある。その原理と方法を押さえれば、誰にでも思い通りの配色ができる。配色の正体を解析し、Q＆Aでポイントも確認できる、配色センスアップに役立つ一冊。

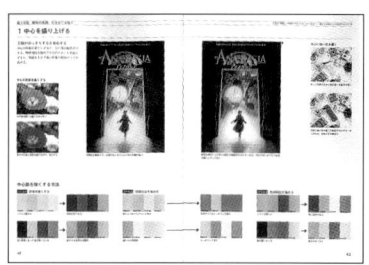

配色基礎講座 カラーチャート1368

視覚デザイン研究所 編　B5変型　127P　1368色
定価（本体2500円＋税）

1368色票が使いやすいブックタイプに収まっている。62段階のトーン区分は使いやすく配列も合理的なので、調和する色がすぐ見つかる。配色が決まれば、そのまま色票を貼って色指定完了。

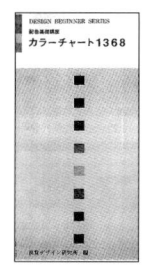

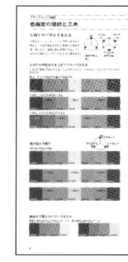

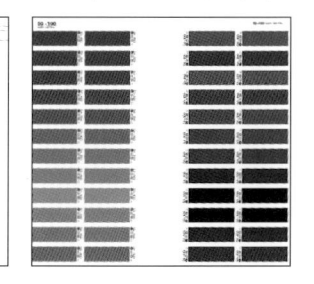

配色バイブル　コンパクト版

早坂優子 著　B6　160P　定価（本体1400円＋税）

美しい配色のための配色の基礎と、配色見本を豊富な図版で並べた2部構成。見本は約1100パターン。その色を実際にあてはめた使用例を写真で見ることができる画期的な本です。

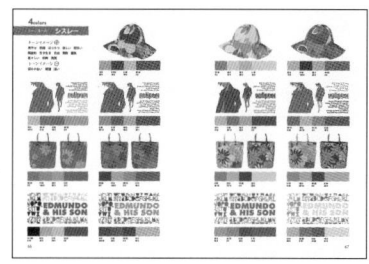

配色共感マップ

内田広由紀 著　B5　144P　定価（本体2500円＋税）

配色をとりまく複雑な謎を、シンプルなシステムを使って一気に説明した本。これを使えば、衣・食・住あらゆるシーンで共感される配色が思い通りつくれるようになります。

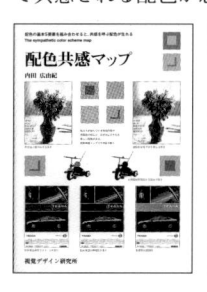

配色イメージコレクション
＜タイプ別＞好感度カラーのデータ付き

視覚デザイン研究所 編　A5　144P　定価（本体1550円＋税）

イメージトーンは配色ルールの基本。美しい配色サンプル約1000組をトーン別に並べ、身近な具体例でその効果をわかりやすく解説。年代別の好感度色と色指定用データ付き。

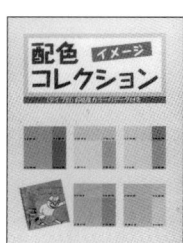

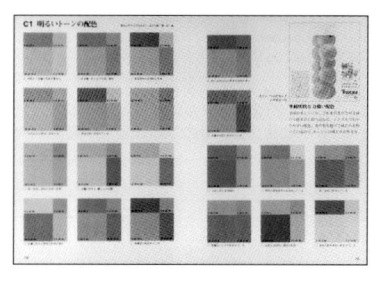

配色ノート

視覚デザイン研究所 編　B5　160P　定価（本体3400円＋税）

配色の基本から高度で実用的な原則までを、豊富な具体例でわかりやすく解説。色彩専門家の知識を結集した配色サンプルは、そのまま色指定に転用自在。配色サンプル450組。

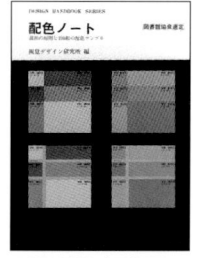

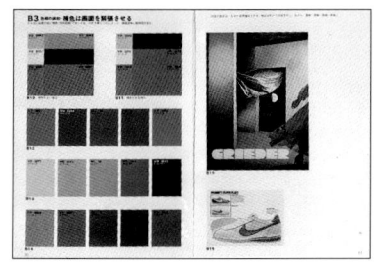

日本図書館協会選定図書